Nadie me quita mi corona

Manual para ser una reina moderna, sexy y exitosa

Vionette Pietri, J.D.

DEDICATORIA

Dedico a este libro a mi más grande historia de amor. Al hombre que más me ama, el que cree en mí sin dudar y me protege como nadie. Del que heredé la pasión por escribir. Quien me enseñó que lo más grandioso que puedo tener es la sencillez. El que me acompaña a distancia y me hace reír y soñar. A este guapo galán. Quien me ha tratado toda la vida como una reina, mi amado padre Tony Pietri. (Quien probablemente no esté listo para leer este libro) pero igual necesito escribirlo.

INDICE

AGRADECIMIENTOS

Agradezco a un hombre sabio que lleva mi sangre, que amo con locura, mi hermano Fernando Tito Orsini. Por lo que significas en mi vida desde que naciste. Por los regalos de vida que me das con tus hijos, y tu esposa, mi hermana, Brendaliz Montalvo quien es mi soporte a distancia. Por darme fuerzas, por ser mi asesor y confidente. Por tu amor infinito y por tus consejos que me motivan a tomar las mejores decisiones. Por compartir conmigo las más inolvidables aventuras. ¡GRACIAS!

A mi hermana Nadine por celebrar mis logros como si fueran suyos, por escucharme, y apoyarme en todos mis proyectos. Por montarse en un avión para consolar mi corazón herido, para llenarme del más grande amor. Por mi ahijada Raisa.

A mi amada ahijada Raisa por ayudarme a recoger mis pedazos, por escucharme y siempre estar para mí. Por ser junto a su madre, mi "cheerleader" Gracias por ser como la hija que soñé. Por regalarme un lugar especial para tu hija Mia Valentina.

A mi tía Zulmy y mi tío Cuto, por sus llamadas, por su amor, por su apoyo incondicional desde siempre. Aún más luego de la muerte de mi abuela Virginia, clave para recuperar mi corazón.

Gracias a mis tres mini terapeutas por esas llamadas interminables que me llenan de amor y fuerza: mis amados sobrinos Nandito, Mauro y Bella.

A mi amiga y mentora Cristina Silva, quien me ha abierto los ojos ante lo maravilloso de ser una mujer plena sexualmente.

Gracias Frank Enrique, mi mejor amigo, por escucharme en mis periodos de duelo, por ayudarme a encontrar los escudos para proteger mi castillo. Por tantas ideas, por lo que aportas y por lo que te desvives porque sea una mujer feliz, y una bella reina moderna.

A mis amadas, quienes desde el cielo me guían, inspiran y me animan a ser una reina como lo fueron ellas, mi madre Norma y mi abuela Virginia.

Y a ti... por todo lo que hemos vivido.

PROLOGO

Un relato íntimo, sincero y profundo que te atrapa desde el primer momento. "Nadie me Quita mi Corona" habla sobre la ilusión, el enamoramiento y la pasión después de haber sufrido una ruptura amorosa. Nos devela una verdad, que a veces olvidamos, y es que siempre nos volvemos a enamorar. No importa cuán mal la hayamos pasado, ni cuánto dolor te produjo tu relación anterior. Mujeres y hombres, una vez curados del mal de amores, se lanzan a una nueva aventura y el ciclo comienza de nuevo.

Este periodo de transformación es plasmado en el libro de Vionette Pietri. La escritora nos lleva a ser testigos de este proceso que la lleva a conocer el placer, a sentirse deseada y a replantearse una serie de paradigmas sociales con respecto a la sexualidad y el amor. Ella desnuda todas sus emociones frente al lector y le muestra cómo la pasión la lleva a mejorar en todos los aspectos de su vida.

Una historia llena de anécdotas cotidianas que invitan a profundizar sobre el equilibrio que trae a los seres humanos el tener una vida sexual placentera y plena. Danzas, música, velas, vino, juegos, disfraces, cambio de roles, son algunos de los juegos que llevan a la protagonista a desbloquear su chakra sexual y a liberar su energía sagrada para poder expresar placer y experimentarlo.

El chakra sexual que está ubicado entre el ombligo y el hueso púbico, es el que regula nuestros instintos básicos, la supervivencia, protección, pasión, vitalidad así como la creatividad y el dinero. En la narrativa de Pietri se plasma la interconexión de la vivencia sexual y las conquistas materiales.

La escritora Pietri hace énfasis el cómo sentirse plena, la empujó a conquistar mercados nuevos con proyectos inmobiliarios interesantes. Confesó que su foco laboral se amplió y sobrepasó sus expectativas. Con su visión de género, pone en tela de juicio el histórico sacrificio femenino de velar por los sueños de sus parejas antes que los propios y conformarse. "Nadie me Quita mi Corona" es una oda a la mujer y que la invita a hacer sus sueños realidad y disfrutar en el camino.

La escritora manda al traste la idea occidental del logro supeditado al esfuerzo únicamente. Mostrando así que la mecánica corporal del "hacer" aleja la energía del nuestro chakra sexual y trae infelicidad, estrés, cansancio, aunque se genere dinero. Nos invita al equilibrio: amar, ejercitarse, pasear, reír y trabajar como parte de un todo.

En el libro se incorporan conversaciones de WhatsApp siguiendo las nuevas tendencias y dándole frescura a la narración. Asimismo, hay fotografías que dan fe de lo narrado, proporcionando una dinámica visual que acompaña al lector en el recorrido literario.

"Nadie me Quita mi Corona" trae esperanza y como un espejo nos refleja que nos merecemos una vida mejor.

Con todo el desprendimiento del análisis que me invitaron a hacer de la obra, fui testigo del cambio que esta mujer sufrió. Una persona emprendedora, brillante, exitosa, pero con ojos tristes, que había perdido la fe en los hombres y que por miedo cerró la puerta del placer. Un día en medio de una cena, me dijo que ella no quería salir con nadie y que no tenía sexo. Yo me sorprendí, pensé por un momento que estaba bromeando. Luego, me contó su historia y entendí que se estaba autocastigando porque su relación no había funcionado. Entonces, la invité a que disfrutara de la juventud y la belleza que tenía.

Cada vez que hablamos, le bromeaba por el sexo y un día pensé en buscarle un novio en un viaje que teníamos programado. Pensé que alejada de la rutina del trabajo, podría relajarse con algún latino guapo y ardiente. Ella se reía. Yo lo iba a hacer de verdad, pues tengo muchos amigos que se hubiesen puesto en fila para darle placer a esta rubia puertorriqueña. Deseaba que su cuerpo volviera a disfrutar de las caricias y la pasión que se merecía. El viaje no se dio. Sin embargo, un día me llama y me cuenta que está experimentando un sexo salvaje y que está viviendo algo espectacular. "Tenías razón", me dijo. Yo me reía y la interrogaba: "cuéntame más...dame detalles".

En un viaje que hice a Orlando, nos pusimos de acuerdo y nos fuimos a un restaurant.

La mujer que se presentó frente a mí era otra. Tenía un vestido corto, unos lindos tacones, el pelo súper arreglado y bajada de un *Maserati*. Pero, lo más increíble fue verla cara a cara. Sus ojos brillaban, su sonrisa no se apagaba y la alegría que irradiaba era mágica. Bailamos, reímos y brindamos por la vida.

Que gusto es saber que algunas palabras calan en el alma de los otros y pueden sembrar una semilla de cambio. ¡Que satisfacción! Hoy leyendo el libro de Vio me doy cuenta de que ella desea hacer lo mismo con las lectoras. Comparte su relato de vida, no cómo una oda a sus logros, sino como fuente de inspiración para emprender, multiplicar riquezas, crear sus propias reglas para triunfar y ser feliz.

Cristina Silva
Máster en Ciencias de la Comunicación
Máster Sexología y Terapia de Pareja

INTRODUCCION

Luego de escribir y publicar mi cuarto libro *Diciéndole Adiós al Amor de mi Vida*, y de realizar una gira internacional, regresé a la realidad de mi vida. La realidad era que estaba comenzando una nueva vida sola. Así me mantuve por tres años de mi vida. Completamente sola. No salidas, no aceptar siquiera piropos de nadie. Cero besos. Cero caricias. **Cero sexo.**

Un día cambiaron muchas cosas en mi como mujer. Primero, decidí leer el libro que estaba escribiendo posterior al cuarto libro, para ver lo que había escrito en esos años. A diferencia del libro anterior, que lo escribí en una semana luego de mi viaje a Colombia, entendía que este tomaría más tiempo pues necesitaba sanar tantas heridas. Como también, alcanzar ciertas metas... liberarme, tal vez volverme a enamorar, pensé...

Entonces cuando lo leí fue como si hubiese recibido veinte bofetadas en mi rostro. Leía a la mujer que se sentía aún triste, que tenía demasiado dolor en su corazón. Mientras la que veía en el espejo era otra. Apasionada. Feliz. Que se había reinventado. Que estaba creando un imperio en bienes raíces, posicionada en los medios como *real estate influencer.*

Veía a una *realtor* que había logrado su sueño de ser internacional con un éxito apoteósico. Una mujer con una bella casa con una vista al lago y dos patitos que la hacían feliz. Veía una mujer conduciendo el carro de sus sueños, un lujoso *Maserati* color blanco espectacular con asientos color rojo pasión.

Una mujer latina creando nuevas empresas en el campo de la belleza y la gastronomía. Una mujer camino a una transformación física, emocional, espiritual y sexual extraordinaria.

Entonces me dije a mi misma, este libro no se va a publicar. Tal vez tomaré ciertas partes, pero en esencia lo voy a reescribir. Para contar de otra forma más divertida, lo que una mujer tiene que hacer para salir adelante y dejar el pasado que la hiere atrás. Este es un libro para cerrar ciclos y comenzar una nueva vida.

Sin embargo, sentí que se me iba la "musa" que no sabía que escribir. Me reúno con mi amiga Cristina Silva, comunicadora internacional, y sexóloga, quien me dice con su acostumbrada sabiduría: "¿Sabes porque no puedes escribir?" No sé, le respondí. Entonces me dijo unas palabras que me impactaron: "Porque escribías bajo el dolor, y ya no estás bajo el dolor. Estás radiante, bella, en forma, exitosa. ¡Estás viviendo el mejor sexo de tu vida y eso se nota, mujer!".

Fue en ese momento decisivo cuando me di cuenta de algo. No podía escribir bajo el dolor, pero si bajo la pasión. Bajo el éxito que lograba en mi carrera profesional. Bajo la libertad de ser mujer.

Me di cuenta de que atrás quedaba la triste historia de la niña que fue abusada sexualmente, la mujer con carencias en el amor y la pasión.

Veía ante mí una leona en la cama y en los negocios.

Una mujer satisfecha. Empresaria. Poderosa. Madura. Sexy. Segura.

Quise compartir mi nueva historia con el mundo. Con otras mujeres que tal vez vivieron las carencias que yo viví.

Fue entonces cuando decidí escribir y publicar el libro *Nadie me Quita mi Corona*. Para compartir, principalmente, diversas facetas que tenemos las mujeres y que en ocasiones olvidamos o no le damos la importancia que merece.

El titulo nada tiene que ver con el coronavirus. Es un título que tiene una razón muy poderosa, que elegí antes de la pandemia y que más adelante les compartiré en la historia el motivo.

Honestamente, no me importa si alguien se alarma, con algunos de los temas que toco en el libro. Tal vez controversial para algunos y necesario para otros. El libro comienza hablando de sexo. No soy experta en sexualidad. Soy simplemente una mujer con deseos y pasiones como todas. Soy una mujer que redescubrió su crotismo en unos brazos divinos. Que entendió que cuando una mujer es plena sexualmente, redunda de forma positiva en su vida privada y profesional.

Tal vez mi padre, que es el mejor del mundo, pero que piensa tengo 15 años y que no tengo derecho a disfrutar de mi sexualidad, se sorprenda. O tal vez otras personas con prejuicios al ver que una mujer empresaria, abogada formal, se libera sin tapujos.

Sé que hay muchas mujeres que, como yo, necesitan desinhibirse en todos los aspectos. Inclusive el sexual.

Atreverse a vivir lo que nunca han vivido. A alcanzar lo que otros piensan es imposible. Mujeres que quieren generar ingresos ilimitados. Darse la gran vida. Viajar a donde quieran. Comprarse lo que les dé la gana sin tener que mirar el precio. ¿Por qué no?

Mujeres que quieren mirarse al espejo y verse bellas y en forma a cualquier edad.

Mujeres que quieren vivir intensamente, pero a la misma vez quieren tener paz y un equilibrio en su espiritualidad. *Mujeres que quieren divertirse*. Ser felices.

Aquí va mi quinto libro dedicado a todas esas mujeres maravillosas que quieren disfrutar la vida a plenitud. Para las que quieren desarrollar sus potencialidades al máximo. Vivir la vida que sueñan y merecen.

Como también, para todos esos hombres que quieren saber lo que nos hace felices a nosotras las mujeres en la vida y en la intimidad. Que también quieren ser plenamente libres y felices.

Los invito a que vayan escuchando las canciones que voy mencionado mientras cuento esta historia. Se van a divertir y van a entender mejor lo que les quiero compartir.

En el libro les comparto *mensajes reales* recibidos o enviados en redes o en privado.

Todos con la debida autorización de sus remitentes. Como también, algunos de los candentes mensajes que llevaba en mi diario "sexual".

¡Así de real es esta historia que les cuento!

Les comparto la pasión de una mujer que crea sus propias reglas para ser feliz.

Una mujer que le toca demostrar quién es. Para que nació. Para triunfar. Para motivar a que otras mujeres triunfen. Que entiendan que nacieron para reinar.

Este libro es un manual sencillo para convertirte en una reina moderna, sexy y exitosa.

EL MEJOR SEXO DE MI VIDA

Cuando vi su mirada ante mi desnudez todo cambió. ¡Nunca ningún hombre me había mirado así en mi vida! Eso marcó el antes y después de mi vida íntima. Una mezcla de admiración, deseo, pasión, me fascinas... te deseo a morir... no sé explicarte. Pero fue así. Esa primera vez fue gloriosa. YO, la mujer que tal vez muchos encuentran "sexy" porque bailo como Shakira... nunca había sentido en la vida lo que sentí a partir de ese día.

Bailé *belly dance* para él. Exclusivamente para sus ojos. Con una ropa muy sensual... música árabe de fondo, velas por toda la habitación... Me dijo absorto con mi belleza y mis sensuales movimientos:

"Nunca me habían bailado así."

Besó todo mi cuerpo lentamente... mientras me preguntaba qué sentía. Estaba hechizada por esos brazos fuertes y esos labios que besaban como ningunos. Solamente pude decirle:

"Si me muero mañana, hoy fui feliz en tus brazos."

Intenso.

Entonces cuando todo terminó, luego de múltiples orgasmos, y de darle gracias a Dios por lo que viví, me quedé sola en mi habitación.

Lloré desconsoladamente como por tres horas corridas. No podía parar de llorar. Al principio no sabía porque lloraba tanto. Luego entendí por qué lloraba sin poder detenerme. Lloraba por las carencias que había tenido toda mi vida como mujer. Lloraba por todas las noches que pasé sola mientras quien se suponía me hiciera el amor, se acostaba con otras. Lloraba porque no sabía el significado de tanto erotismo. Lloraba porque por primera vez no fue un impedimento mi pasado de abuso sexual para sentir placer. Lloraba porque no podía sacar de mi mente como ese hombre me miraba. Me repetía a mí misma:

¡Nunca ningún hombre me había mirado así!

Hasta que me quedé dormida con la satisfacción de una mujer que por primera vez se encontraba a sí misma en la intimidad.

Entonces sucedió algo en mi interior. Fue tan intenso lo que me hacía sentir que me asusté. Nunca había sentido en mi cuerpo y en mi piel lo que él me hacía sentir. Comencé a sentir por él una pasión insaciable. Cuando digo pasión insaciable, es *insaciable*.

¿Cómo una mujer tan fabulosa como JLO, pero en etapa menopáusica, no necesita prepararse porque está lista con tan solo verlo o pensar en él? ¡Quería sexo a todas horas! ¿Me convertí en una ninfómana? Me preguntaba. Me divertía con mis pensamientos locos y atrevidos. Estaba viviendo lo que nunca había vivido y me sentía feliz.

Vionette Pietri

Encima notaba que el de solo acercarme o que oliera mi *Chanel* también estaba listo. Como bien me dijo:

"Es una atracción muy fuerte la de nosotros. Tú me gustas muchísimo".

```
Next time lo voy a amarrar y me le
voy a trepar encima quiero que me desee
todo el tiempo que enloquezca de pasión
como estoy enloquecida yo
Me está convirtiendo en una ninfómana.
```

Le había dicho a mi mejor amigo Frank que quería tener una aventura. Recuerdo que me dijo: "Llevas tres años dedicada a crear un imperio, trabajando demasiado, no sales y no le das la oportunidad a nadie. ¡Entonces como vas a vivir una aventura!". Fue cuando me dije a mi misma: Esto va a ser una aventura, la primera de mi vida. Curioso que una amiga que dice ver el futuro me dijo:

"No va a ser una aventura solamente, es algo muy intenso¨.

Por su parte, él me contó que un tiempo atrás una señora se le acercó y sin el preguntarle nada le habló de una mujer con mi descripción. Le dijo que esa mujer iba a ser muy importante en su vida. Me dijo:

¨Esa mujer eres tú¨.

Estando en plena pandemia mundial mi perspectiva de vida cambió en todos los aspectos. Sentía que la vida de todos en el mundo entero pendía de un hilo.

Decidí hacer lo que me daba felicidad.

Estar en sus brazos es estar en el cielo.

Me había pasado la vida intentando ser la mujer perfecta. Ya estaba cansada. Quería equivocarme.

¡Quería pecar!

Honestamente, no me importaba lo que pudiesen pensar los demás de mi "aventura" como ya les dije, ¡la primera de mi vida!

Fue así como di rienda suelta a la pasión contenida de una vida entera, en sus brazos y su cuerpo.

Entonces todos comienzan a ver algo diferente en ti. Te brillan los ojos. Te sientes relajada. Satisfecha. La pasión se te sale por los poros.

Cuando te sientes una leona en la cama, todo cambia.

Te sientes más sexy, poderosa. Se nota cuando caminas. Los hombres te miran más. Hay algo en ti que les atrae, porque es como si sintieran que estás en celo. Me acuerda la canción de Valeria Lynch, "Como una Loba". Sobre todo, la parte que dice: "Hambrienta de tu cuerpo amando moriría…"

Entonces… te hacen la pregunta de los veinticuatro mil chavitos:

"¿Estás enamorada?

Entonces no se que responderle. Se nota en mi rostro que estoy enamorada? Porque no lo estoy. Lo que estoy es apasionada. No puedo enamorarme de él. Solamente disfrutar los momentos. La pasión que sentimos. Las fantasías que vivimos juntos. El fuego 🔥 entre las piernas que tengo desde que lo conocí y que nunca había sentido en mi vida. A veces me digo como a los 53 años comienzo a vivir sentimientos tan intensos pasiones desmedidas. Entonces agradezco que haya llegado a mi vida. No importa el tiempo que sea. Lo agradezco. Porque me hace sentir viva. Deseada. Bella. Apasionada. Erotica. Dueña de mi cuerpo. Por primera vez en mi vida: DESHINIBIDA! Entonces pienso que el no imagina el efecto que causa en mi. Si se sorprende que una mujer

"Llevas demasiado tiempo sola. ¿Quién es el afortunado?". No digo una sola palabra.

¿Qué les voy a decir? "Hola familia, estoy teniendo el *mejor sexo de mi vida*. Somos amantes. Porque decidí que esto sería una aventura, aunque al inicio me dijo que quería algo más. Caminar de la vida de mi mano.

Recomendación chicas: No les pongan etiqueta a las relaciones. Dejen que fluyan.

Entonces me piden fotos, que se los presente, que quieren conocer al causante de tanta felicidad. Mientras todos preguntan me río sola. Es como si escuchara a Carol G susurrando "*Que rico Dios mío*," o "*Mi cama suena, suena…*".

No entienden que no importa quién es el, lo importante es quién soy yo después de haberlo conocido.

Así fue en mi viaje a Puerto Rico para las Navidades del 2020, todos curiosos.

"Lo que se ve no se pregunta". decía mi hermana menor Bebé. Mi hermano Tito comentaba en las fiestas navideñas: "Ella me consulta todo, pero nada me dice sobre romances."

```
Recibo un mensaje privado de mi hermana
Normita diciéndome "Estás radiante. 🩶
is in the air!
```

Mi sobrino Fernando me dijo: "Titi Vio todos (refiriéndose a mis sobrinos) estamos hablando sobre que te fuiste de *honeymoon* con un enamorado". Le respondí sonriendo: "¿De verdad? eso está bien interesante".

Aquí la foto del día que mis hermanos que viven en Puerto Rico, me preguntaban sobre mi enamorado

Lo que siento es deseo. No es amor me decía a mí misma.

Qué hago con esta pasión que me quema?
Con estos deseos de verlo, de besarlo,
de abrazarlo de ser suya una y otra
vez? Quiero todo el tiempo!!!! Oh my
God me desconcentro. Se me olvida que
TENGO una vida. Que no todo puede ser
sexo. Pero te juro que estaría como
Marc anthony y JLO una semana
encerrados en la habitación de un hotel
sin salir 😂 no se que hechizo que
poder tiene que me tiene deseándolo
todo el tiempo. Es esto normal??? No
creo al menos yo nunca había sentido
una pasión tan fuerte.

Recientemente me dijo mirándome con una mirada tan apasionada al verme tan excitada: "No podemos tener sexo todos los días".

Mi padre y su esposa Alida me preguntaban por el enamorado. Me impactó mucho algo que me dijo mi padre un día.

Estuve más de mes y medio con una tos que no se me quitaba, y no era el virus. Las medicinas no me hacían efecto. Cuando por fin sané con sus cuidados, mi padre me dijo:

"Te curó el amor".

Mi tía Zulma, quien es como mi madre, me decía: "Lo que te hace falta es un novio. Me preguntaba ¿Oye Vio, pero y quién te hizo el desayuno en tu cumpleaños?

Vionette Pietri

¿Quién te hizo las sopas cuando estabas enferma? No decía nada a nadie.

No lo compartía porque no confiara en ellos, pues todos me aman y quieren verme feliz. No lo compartía porque estaba en un proceso tan íntimo, de auto conocimiento, de *liberación*, y de una pasión tan intensa, que quería fuese solo nuestra. *¡Hoy lo comparto porque quiero que otras mujeres vivan lo que yo viví!*

Quería contarle a mi ahijada Raisa, mi confidente, quien nunca me juzga y me acepta como soy. Al final no le dije nada. Entre su embarazo y sus cosas estaba muy ocupada. Recuerdo una vez que la llamé y le dije: "¡Raisa pequé! Ella bien emocionada me dijo: "¿De verdad madrina? ¡Por fin! ¿Qué hiciste?" Le respondí: "Me comí mi helado preferido *Haagen Dazs*, el de *strawberry*." Sus carcajadas se escuchaban en Japón. Ella pensaba que era otro tipo de pecado. Su desilusión me hizo reír, y a la misma vez pensar: Ya es tiempo de portarme mal. De vivir.

De tener sexo por placer, no por amor.

Como en las películas. Siempre me preguntaba cómo sería y si era posible tener sexo sin involucrar los sentimientos. Eso fue previo a que llegara a mi vida el hombre que revolucionara mi vida sexual.

Precisamente mi ahijada Raisa en su visita a mi casa recientemente, me dijo relacionado a esta apasionada historia que les cuento que ya cumple un año: "Madrina no me atrevía preguntarte, pero yo sabía que te había pasado algo. Porque te ves diferente. Más atrevida, más feliz. Se te nota en la sonrisa, en el brillo de la mirada". Solamente le mencioné el título de este capítulo: *El Mejor Sexo de mi Vida*, que ya es, además, una pieza teatral, ¡que escribí en tres horas! Comenzó a reírse con picardía y complicidad. ¡Por fin madrina! Se veía tan feliz de verme liberada... Leyó este capítulo en voz alta previo a que lo publicara y quedó impresionada. ¡Me decía, "Oh my God madrina! Esta historia le va a llegar a muchas mujeres. ¡Qué pasión tan fuerte! Merecías vivir esto. Hay mujeres que no saben de orgasmos".

La intensidad de lo que sentimos es difícil de contener. Un día que ya se había terminado la relación me escribe: "Voy a verte. Deja la puerta abierta. Venda tus ojos." No vengas, le respondo. "Si voy, tú no me mandas", me dijo.

Le decía que no viniera a verme, pero deseaba con todo mi ser que si viniera. Me bañé, me perfumé y lo esperé con una ropa íntima bien sexy. Siguiendo las instrucciones que *no* les comparto, al pie de la letra...

```
Entonces volvemos a lo mismo...
ultimátum # no se cuánto. Te sigo a tu
casa quiero comerte toda. No
. Por favor no me ignores. No puede
pasar nada entre tu y yo. Si puede.
Voy a ir a tu casa me vas a dejar la
puerta abierta y vamos a actuar
  No vengas. Si voy. Ya salí. Me baño
de prisa me pongo una ropa interior
negra que me queda espectacular. Me
```

En ese apasionado encuentro me dijo: ¿Sabes que te amo mujer? No te creo, le respondo. Repitió esa frase inolvidable:

"Te amo Vionette".

Me tomó en sus brazos y me sometió al hechizo que ya les dije no sé cómo romper. Lo abracé bien fuerte sin querer dejarlo ir. Con un fuego entre mis piernas, como dice la canción de Farina y Thalia, *Ten Cuidao*, que si se pegaba se quemaba...

Cada vez que terminábamos, sentía que una bomba estallaba dentro de mí. Me dejaba enajenada. No podía reaccionar por un tiempo. Porque me dejaba evocándolo. Recordando su mirada implacable diciéndome:

```
Mujer tú eres mía. Eres mi mujer. No
te quiero perder. Te amo.
```

Cada encuentro era más intenso. No sé si es porque
sabíamos que podía ser el último.

```
Le pregunté que es lo que me haces y
me respondió lo que te gusta. Entonces
le dije porque viví toda mi vida sin
lo que me das. Cuando pienso en eso
elimino cualquier obstáculo mental o
emocional. Y pienso estamos en plena
pandemia no sabemos lo que nos pueda
pasa en porque entonces no ser feliz en
esos brazos porque no perderme en ese
cuerpo
```

Entonces me acordaba de la canción de Kani García que dice: "De haber sabido que era el último beso, hubiera puesto todo el corazón. No te habría soltado ni por un momento…"

Un día cuando terminamos, al verme tan feliz y satisfecha me dijo: "Eso que quieres dejarme. Aunque estés con otro, siempre vas a ser mía". Entonces le dije: Poseido, ¿por qué me haces esto?

Decidí darle cada beso como si fuera el último.
Entregarme como si no hubiese mañana. Abrazarlo
fuerte para detener el tiempo que se va y no vuelve.

Un día que nuevamente nos "despedíamos" lloramos juntos abrazados.

```
No quiero te vayas de mi vida, me dijo
y sucede que yo tampoco me quiero ir,,,
```

Lloramos los dos. Abrazados
 Voy a vivir lo que sea el tiempo que
dure

Fue mi sobrina Yanina, quien por primera vez tiene un novio formal a sus 21 años, la primera que se enteró de la pasión que me consumía. Mi sobrina Yanina me decía: "Wow, titi no lo puedo creer… cuéntame más…" Así le compartí ciertas peripecias sexuales mientras estábamos en un baño público en un bello lugar que salimos a compartir.

Recuerdo ese día que mi hermana Yasmin y mi sobrina Yanina, estaban junto a mi prima Zindy, en *Gypsy Studio,* donde tomaba las clases que ofrecen de *chair dance*. Pues te imaginarás que aprendí a bailar como una *femme fatale* para seducirlo.

14   Vionette Pietri

Mientras me cambiaba de ropa se dieron cuenta de las marcas en mi cuerpo... luego de un apasionado encuentro sexual. Cuando les conté sobre lo que estaba viviendo, abrieron los ojos bien grandes. (Denominador común de todos los que se enteran).

Noté que especialmente mi hermana estaba bien sorprendida. Me dijo: "Me preocupa el apego y que sufras por amor". Mi sobrino Yancarlo le dijo: "Mami, déjala vivir, bastante ha sufrido".

Mi sobrino John John me miraba mucho cada vez que me veía. Se le viraba el cuello mirándonos, tratando de escuchar, cuando le contaba a mi hermana y mi sobrina, y las veía rojas echándose aire con las manos. Me preguntaba con los ojos bien grandes: "¿Titi Vio no tienes algo que contarme?".

Mi padre un día me dijo bromeando, "Voy a colocar una cámara en tu casa". Antes de irme de Puerto Rico para mi casa en la Florida, le dije mirándolo a los ojos seriamente: "Te recomiendo que la apagues". Se quedó sin habla por minutos.

Es definitivo que sentía y *siento* un derecho absoluto a vivir a plenitud esa pasión.

Mi mejor amigo Frank me dijo referente a lo que mencionara mi hermana, que era imposible en ocasiones no sentir apego. Incluso tal vez no enamorarse. Pero que lo importante era que por fin estaba viviendo. Recuerdo que me dijo: "Ya era tiempo de que te liberaras, que te desinhibieras. ¡Vive mujer! La vida es tan corta y estás más bella que nunca. ¡Estás en tu mejor momento!

No te importe lo que digan los demás y tampoco lo compartas con nadie. Simplemente disfrútalo".

De repente recordé el día que me miró a los ojos y me preguntó: "¿Te pasas pensando en mí? Le mentí y le dije que no. Me miró y me dijo:

"Porque yo no dejo de pensar en ti. Me muero por hacerte el amor."

Me di cuenta de que, aunque vayamos contra la corriente hay cosas que tienen que pasar.

Como también, que en ocasiones no queremos aceptar los designios del destino.

Una vez le dije que lo que él y yo sentimos no se siente dos veces en la vida. El me respondió:

"Se que nunca voy a estar con una mujer como tú".

Un día me sorprendió cuando me dijo: "No puedo creer que tu ex te hubiese tenido tan desatendida sexualmente. Con ese cuerpazo". Luego añadió: "Si hubiese sido yo, te habría tenido sin trabajar desnuda en la casa… teniendo sexo todo el día".

En ocasiones me escribía cosas candentes, impublicables. En otras me escribía…

```
Dime que tienes ganas te haga / que te
gustaría hacerme
```

Un día me dijo: "Tal vez no te habías dado cuenta. Pero eres una mujer que le encanta el sexo como a mí. Vamos a experimentar muchas cosas juntos".

Me encantaba cuando me decía que la pasaba mejor conmigo que con sus amigos. We have fun together… ¡Con él por primera vez fumé algo en mi vida! Un tabaco al año no hace daño.

Esa foto me la tomó sin yo darme cuenta.

En ese proceso descubrí muchas cosas:
#1 En ocasionas se sufre por amor… pero en otras se goza por pasión.
#2 Soy una mujer muy fogosa en la cama.
#3 Cuando una mujer se siente satisfecha en la Intimidad, se refleja en su piel, se torna más luminosa.

#4 Es definitivo, que tener buen sexo rejuvenece.
#5 Cuando una mujer tiene buen sexo tiene mejor estado anímico, es más feliz y productiva. Tiene más energía. (Lo mismo les pasa a los hombres).
#6 Nunca es tarde para vivir el mejor sexo de tu vida.
7 Este hombre me estaba preparando para que aprendiera a ser una mujer desinhibida en el plano sexual.
7 Soy una mujer muy sensual y excitante. Como me dijo alguien que el mismo me presentara, una mujer sexy capaz de enloquecer a cualquier hombre, ¿por qué no?
#8 Me hizo preguntarme ¿Es sólo con él esa química, o podré sentir algo parecido con otro hombre?

La pregunta # 8 es algo que me tocará descubrir.

Para escribir este libro he querido conocer lo que han vivido otras mujeres en la intimidad. Por eso me he dado a la tarea de entrevistar a muchas que conozco.

Me ha sorprendido grandemente que cuando les cuento lo que siento, se me quedan mirando con los ojos bien grandes y con voz casi inaudible me han dicho: "Oh my God! Yo nunca he vivido algo así." Otras me han dicho que estoy viviendo mi propio *50 Shades of Grey*. Algunas me han contado sobre lo desastroso que es el sexo con hombres que pensaban les iban a gustar en la intimidad. Otras que llevan mucho tiempo sin tener sexo con su esposo. Muy pocas me han dicho que tienen buen sexo. Entonces me di cuenta de que muchas mujeres han tenido carencias sexuales como las tuve yo.

Además, de que no con cualquiera se tiene una "química" tan intensa. Como me dijo mi hermana Yasmin recientemente:

"Lo de ustedes no es normal. Es muy intenso".

El día que nos bañamos juntos por primera vez fue inolvidable. Sentir ese pecho firme como roca en mis senos… esos labios comiéndome a besos. Ese hombre conmigo es puro fuego. Al principio comencé a contar las veces que estuvimos juntos en la intimidad. En los primeros 7 meses hicimos el amor más de 60 veces, dejándome con deseos de más cada vez…. "No las cuentes." me decía…

```
Y nuevamente en la ocasión # 9 de
nuestros encuentro sexuales que
comenzaron hace un mes le doy gracias a
Dios por permitirme vivir mi versión
privada de 50 shades of grey. Por
permitirme por fin... disfrutar del
mejor sexo de mi vida.
```

Recuerdo claramente sus palabras cuando me sedujo:

"Ten cuidado, porque si me pruebas no vas a querer soltarme".

Me decía que le encantaba mi aliento, y mis besos. Cuando me besaba era como si estuvieras en una guerra y te rindes porque no puedes resistir más y ser fuerte. Cuando me besaba quería más… Unos deseos de tenerlo en mis brazos y en mi cama. *De que no se fuese nunca y a la vez que no se quedara.*

Esta lucha interna me tenía loca.

Solamente sexo, no amor, me repetía.

Solamente pasión, no ternura.

Chicas, les confieso que ver ese hombre desnudo es un espectáculo para verlo en primera fila comiendo *pop corn*.

Una vez me hizo una pregunta que me desconcertó:

"¿Cómo se va este deseo?"

Le respondí:

Hay pasiones insaciables como la nuestra.

Hay amores y pasiones que duran toda la vida.

Un día que decidimos que no estaríamos más juntos, entra mientras me estoy bañando. "¿Qué haces?," le pregunté. Me respondió: "Quiero ver tus senos. Me hace falta verlos…" Si es definitivo, que lo nuestro es una pasión insaciable.

```
Entonces era la definitiva ya no
estaríamos más juntos. Me escribe
haciendo una propuesta indecente. Y si
voy a tu casa ... ??? Le dije que SI
```

Hace poco me dijo: **"Cuando estoy contigo estoy todo el día encendido.** (Les traduzco lo que me dijo publicable). **Lo nuestro es un sexo salvaje"**.

Mi amiga Cristina me invitó a su casa hace varios años atrás. Recuerdo que mientras tomábamos un vino, me preguntó sobre mi vida sexual. Cuando le dije que no salía con nadie, que no aceptaba piropos, que había pasado tres años sola.

Me dijo: "¡Mujer, pero cómo puedes vivir sin sexo!"

Abría los ojos preciosos que tiene cada vez más grandes. Entre el vino y su mirada de asombro, tuve que comenzar a reír sin poder detenerme. Entonces me dio uno de los mejores consejos que he recibido: "Ay no mija, usted tiene que aprender a vivir. ¡El sexo es rico! y tú eres una mujer preciosa. Tienes que disfrutar el sexo. No sabes lo que te pierdes".

Recientemente me vio y me dijo: "Te ves radiante mujer, ¡se ve que por fin estás disfrutando el mejor sexo de tu vida! Ahora entiendo a mi amiga, y es muy cierto: ¡No sabía lo que me perdía!

Porque no lo había vivido.

Qué línea divisoria casi invisible hay entre la química y el amor. ¿Pero recuerdan le puse una etiqueta a esta relación? Aventura, no amor.

Ha sido una relación intensa en la que ambos luchamos contra lo que sentimos. Un día que tomamos unos tragos me hizo una confesión que cambió la perspectiva de nuestra relación. Me dijo:

"Lo que siento por ti es amor".

Luego añadió: "No te das cuenta de que todavía me pongo nervioso al verte". Me dio un vuelco el corazón. Porque en mi mente estaba la idea preconcebida de que era pasión, no amor, lo que sentíamos.

Yo me había propuesto tener por primera vez en mi vida, sexo por placer, no por amor... Ahora les puedo decir, *no sé si lo logré*. Aunque la pasión se puede confundir con amor.

Si es definitivo que la pasión es algo bien poderoso. Te arropa, se adueña de tus sentidos. ¿Se convierte en un vicio? Así me dijo un día:

"Tener sexo contigo es un vicio".

Entonces recordé cuando me dijo:

"Ninguna mujer me ha besado, ni me ha hecho el amor como tú".

Me dedicó la canción *La Espera* de Cultura Profética. Me dijo que lo que expresa la canción es lo que le pasaba antes de conocerme. Siempre le pedía que me cantara pues tiene una voz preciosa y no lo hacía. Recientemente lo hizo y las lágrimas se me salían inevitablemente. "¿Por qué lloras?" me preguntaba. No le respondí. No sabía por qué lloraba mientras escuchaba lo bello que cantaba la canción *El Reloj*.

Me siento feliz de contarles esta experiencia que he vivido porque como les dije, ya entendí que no se siente esa ¿química? tan intensa con cualquiera.

Entonces sucede que en ocasiones lo que me hace sentir es más fuerte que yo. Me siento con deseos de estar en esos brazos. Sentir esos labios que me enloquecen. Muchas veces hemos intentado terminar, y volvemos a tener otro apasionado encuentro.

Algo que he notado y es que con el cada vez el sexo se pone mejor. No sé qué es lo que hace para que siempre sea diferente. No sé si es todo lo que hemos hecho juntos. Desde fantasías realidad. He personificado historias que creamos. Me he comprado ropa interior muy sexy. He aprendido de sexólogas famosas técnicas para ser una mejor amante, masajes eróticos y formas de felación enloquecedoras.

He aprendido a sentirme cómoda con mi propia piel. A amar mi cuerpo desnudo mientras me hacen el amor. Una de las cosas que más le gusta de mi es mi seguridad en todo lo que hago.

"Te ves más hermosa desnuda que vestida".

"Te ves más hermosa sin maquillaje que maquillada".

Entonces cuando un hombre te acepta tal como eres, y tú también te aceptas, es la mezcla perfecta para la desinhibición. Para la entrega absoluta.

Algo que también descubrí es que me gusta que sienta placer. Eso me excita con locura. Saber que lo que le hago le encanta y que no quiere que me detenga

```
Me dijo no te cansas de estar todos
los días en tacones 👠 le dijo no una
mujer es más sexy en tacones y me dijo
mirándome a los ojos. Tu eres sexy como
sea. Hoy lo sentí hechizado susceptible
deseándome tanto como nunca había
sentido alguien me deseara. Hoy lo
sentí un poco mío. Me recosté en su
hombro mientras guiaba. Me tomaba la
mano me ponía las manos en mis muslos.
```

Por primera vez en mi vida soy desinhibida en la intimidad. Me tomó toda mi vida para lograrlo. Pero bien vale la pena. Sentirte libre en la intimidad. Hacer y decir lo que quieres. Pedir. Recibir. Dar. Sentir. Tocar. Oler. Abrazar. Lamer. Hacer locuras en los lugares más insospechados. En fin, divertirte. Sonreír. Jugar. Mirarse a los ojos.

Es interminable lo que puedes hacer al entregarte. Lo mejor de todo es lo apasionante que es vivirlo con un buen amante.

¿Qué sucedió en mi vida profesional luego de tener el mejor sexo de mi vida?

No te niego que al principio me desenfoqué un poco (bastante ji,ji) porque era algo tan nuevo para mí y tan exquisito…

No obstante, luego me ayudó a estar más relajada, más contenta, más deseosa de trabajar fuerte. El mismo me ha dicho varias veces: **"No te desenfoques, eres una mujer muy exitosa"**.

Como también me ha dicho: "Necesitaba a alguien que me dijera cuál es mi norte".

Recuerdo que mi entonces asistente y mejor amigo Frank me dejaba mensajes en mi celular: "¡Mujer donde estás! No respondes mis llamadas. ¿Estás de *shopping?*".

No precisamente estaba probándome ropa, me la estaban quitando... Estaba disfrutando momentos de felicidad, de plenitud sexual.

Para muchas mujeres es difícil atreverse a ser sensuales. Muchas veces es por la forma que nos educan. Otras por situaciones que hemos vivido, traumas del pasado, complejos con nuestro cuerpo.

O simplemente porque nos estamos entregando al hombre equivocado (o a la mujer equivocada) que no saca lo mejor de ti en la intimidad. Sencillo.

En mi caso, desde esa primera vez que estuvimos juntos, fue como si mágicamente se borrara todo mi pasado y comenzara a disfrutar una nueva mujer en mí. Segura, confiada en la cama, sexy y terriblemente apasionada. Funcionó mejor que todas las terapias recibidas por expertos en conducta humana y sexualidad.

He escuchado a personas decir: "El sexo no es importante". No hay mentira más grande. Lo es. Primero, lo dicen casi siempre los que más lo han disfrutado.

Segundo, el sexo no es tan solo importante, es indispensable para tener una vida feliz.

"El sexo no lo es todo" Es cierto, no lo es todo. Es parte *esencial* del amor. Tener una relación sexual plena es una de las mejores formas de demostrar lo mucho que amas a alguien. Es entregarse en cuerpo y alma.

Si no tienes buen sexo con tu pareja, aunque aparentas ser feliz en las redes, te estás engañando y dejando de disfrutar momentos increíbles de tu vida.

Momentos que no volverán. Hay algo que falta en esa relación y es pasión y verdadera entrega.

Se puede tener todo: AMOR Y PASION.

Pero hay personas que se conforman con poco.

Mi escritora preferida, Isabel Allende, a sus 78 años volvió a encontrar el amor y lleva una vida sexual muy activa. Retó a las jóvenes asistentes a la presentación de su libro, a ser mejores amantes que ella.

Por experiencia propia, puedo decirte con absoluta certeza, que todos merecemos una vida sexual espectacular. Sin inhibiciones. Mentirte o "reprimirte" no te hace "hacer las cosas bien". Vas a tener un vacío tan grande que terminarás siendo siempre infiel. Al final, te va a pasar como la canción de Marc Anthony:

"Con ella te vas y con otra te vienes... "

Comencé a ver videos sexuales educativos. Les puedo decir que los resultados fueron extraordinarios. Es definitivo que, si quieres ser la mejor en todo, tienes que educarte. Incluso en el sexo. Luego practicar lo aprendido para ver resultados candentes.

Mi mejor amigo Frank un día me dijo:

¨Vas a ser una mujer inolvidable en la vida de ese hombre. No hay mujeres así".

Recordé cuando una vez que estuvimos juntos me dijo.

¨Estar contigo es diferente a estar con cualquier mujer¨.

En ese maravilloso encuentro sexual me dijo tres cosas que nunca olvido:

#1 "Soy un hombre joven con alma de viejo".
#2 "Quisiera haber nacido para tu época".
#3 "Podemos ahorrar mucho dinero". Cuando le pregunté para qué me dijo: "Para que te hagas cirugía si la necesitas". Le dije, para que no envejezca quieres decir. Me respondió con una mirada que nunca olvido: "No. Para que te sientas bien contigo misma. A mí no me importa tu edad".

Nunca me habían dicho algo tan tierno. Entones ese deslumbramiento inicial le hizo decir esas tres cosas que me enternecieron dentro de tanta pasión en esa habitación.

Que me hizo mirarlo con otros ojos. Aunque precisamente por eso, insistí en la aventura, en vez de la relación que me proponía.

Cuando cada día aprendes algo nuevo en el sexo... cada día sientes más placer. Siempre buscando diversos lugares, besando en sitios diferentes. En ocasiones es salvajemente apasionado, en otras se entrega con ternura. Pero siempre se las ingenia para llevarme al límite de mi placer.

Le doy las gracias por todo lo vivido y por lo que me falta por vivir.

Le doy las gracias porque sienta igual que yo, esta pasión insaciable.

Quise compartirles mi transformación sexual en este primer capítulo porque es parte de mi proceso de liberación. De crecimiento. Porque sé que muchas mujeres se van a identificar.

```
Leí un mensaje que decía no es un día
más es un día menos ... valoremos el
tiempo que se va y no vuelve. Haz lo
que te salga del 💜 sin importar lo
que puedan pensar los demás.
```

Mira el rostro radiante de una mujer acabando de hacer el amor...

Cuando le dije que estaba escribiendo este libro y que precisamente el primer capítulo era dedicado a el mejor sexo de mi vida, se sorprendió. Se quedó sin habla unos minutos. Primero me recomendó que debía poner unas figuras como sombras de parejas haciendo el amor en el capítulo. Un día me dijo: "Léeme unas partes de ese capítulo mientras estamos en el *spa*". Le dije que esperara a que lo publicara para que lo leyera. Luego, planificó recrear nuestra escena cuando le baile *belly dance* con un actor, para el video sobre el mejor sexo de mi vida y la presentación del libro.

¡Verlo a él planificando cada detalle igual que lo que vivimos fue apasionante! Luego me contó que el actor quedó fascinado conmigo. Pero yo no sentí nada.

Un día se llevó mis cuatro libros publicados para leerlos. Demasiada curiosidad en mí pensaba. Cuando me los devolvió me dijo:

"En ese siguiente libro que estás escribiendo vas a demostrarle a todos la mujer que eres. La que sola, sin la ayuda de ningún hombre, se compró una casa bella y un *fucking* Maserati, la que está creando un imperio a nivel internacional. Deja atrás a esa mujer que lloraba por amor. Eres una mujer exitosa, preciosa, tienes la mejor condición de tu vida".

Le hice caso. Porque es definitivo que tiene una gran influencia en mí. De hecho, me encantaba me diera órdenes en la intimidad. Cuando es curioso, que en la vida tradicional no me gusta me den órdenes.

Aprendí en este proceso que lo mejor que podemos hacer para NO ser felices es reprimir nuestros sentimientos y pasiones.

Como también, que, para dejar ir a alguien, también deben dejarte ir a ti.

Me he dado cuenta de que tiene una obsesión por saber si he tenido sexo con otra persona. Me lo pregunta cien veces. Así es en cada viaje que hago.

Al final, terminamos en la cama haciendo el amor, más apasionados que nunca.

Entonces hace alarde diciéndome que otro hombre no me va a dar lo que él. Le pregunto, ¿Es en serio? Me responde: "Ya te dije lo que tenía que decirte". Te confieso que me encanta ese carácter determinado que tiene.

hoy 6:41 p. m.

> Rechazar lo que más deseo 🔥 es un verdadero reto. Entonces me abraza fuerte y me besa mis mejillas suavemente. Huele mi cuello. Siento su respirar agitado que me excita. Esa mezcla de pasión y ternura me enloquece. No sabe lo que me hace sentir 🖤 Ni tampoco sabe todo lo que le haría... 🔥🔥🔥 pero no puedo. 💀

No sé si te ha pasado alguna vez. Pero es demasiado fuerte tener que olvidar a alguien que quieres abrazar. Decirle no a un hombre que mueres por besar. Por entregarte totalmente. Mucho más fuerte resistir la pasión que me quema, la ternura que me inspira, por la forma en que me mira.

Como nadie nunca lo ha hecho.

Es muy difícil porque me fascina el hombre que es cuando está conmigo.

Un día me dedicó la canción *Conciencia* de Gilberto Santa Rosa. Me dijo, "Escúchala bien". Entonces, ¿será cierto que tengo la magia de un instante de amor, y mi mirada un toque de misterio? ¿Que cuando llego suele perder el control?

¿Que no vuelve a ser el mismo si me besa?

Pero… la conciencia le dice no me debe querer y el corazón le grita que si debe. Es una lucha interna que ambos compartimos.

Hay una canción que me acuerda nuestra relación. Cada vez que me preguntaba qué sientes por mí y no respondía, pensaba en esta canción, pero no se la decía. Te invito a que la escuches. Es la canción *Convénceme*, interpretada por India Martínez y mi cantante preferido Marc Anthony.

Entonces si ya no estamos juntos porque veo mensajes a las 4:40 am en mi celular ▦ "Voy para tu casa" Déjame abierto la parte de atrás que voy para tu habitación". Y llega al amanecer mientras la visita de mi familia duerme. 😴😴🖤🖤 Porque un domingo viaja casi 4 horas para verme dos veces para tratar de seducirme? 🖤🖤 Porque lo siento temblar cuando me abraza? Porque siente igual que yo esta pasión INSACIABLE que mientras más tratas de contener más crece!!! Porque extraña mis besos, 💋 mi piel y mi cuerpo. Que le haga todo lo que tanto le encanta 🖤🖤 Tanto como lo extraño yo a él. Entonces es definitivo que "esto" qué hay entre los dos, sea lo que sea, NO ha terminado. 💜

En nuestro último apasionado encuentro me dijo:

"Siento por ti una atracción brutal, al extremo. No me puedo contener si te tengo cerca".

¿Cómo evitar esto que sentimos?

Honestamente no lo sé. Porque la distancia no suele aplacar deseos o sentimientos. Generalmente los aumenta.

Tal vez el camino es olvidarlo en otros brazos.

Te confieso que es difícil dejar ir a un hombre que te satisface como mujer.

También te confieso que quiero en mi vida a alguien que no solo me satisfaga, sino que me ame y no me deje ir de su vida.

Me levanté a las 4:00 de la mañana y me puse bella, para hacer la entrevista en Univisión. Me miro en el cuello las huellas del apasionado encuentro del día anterior. Lo cubro con maquillaje. Sonrío. Me digo a mí misma:

LO VIVIDO NADIE TE LO QUITA.

Como tampoco tu *corona* en esa apasionada relación.

Porque está demostrado que no hay nadie que le vaya a dar más placer y pasión que yo, en su vida...

Es momento de agradecer lo que hemos vivido.
De reconocer que ha sido algo apasionante, maravilloso, fascinante. *De aprendizaje para mi erotismo femenino, por fin liberado...*

En el "media tour" previo al lanzamiento de mi libro en Florida fui entrevistada por mi mentor y amigo Luis Artemio Mercado, en el programa *Despierta Orlando* de Univisión. Fue curioso porque cuando me preguntaron cómo fue posible mi transformación en tantos aspectos, les confesé que había un hombre involucrado en el proceso. Entonces Luis me pregunta: *"¿Un hombre que tiene que ver con la transformación en la parte sexual?".*

Le respondí: "¡Sí, el hombre con el que he tenido el mejor sexo de mi vida!".

Impactó mucho la entrevista. Ambos moderadores se rieron con complicidad ante mi respuesta. Me alegro, porque eso quiero, romper el estigma de que *tener buen sexo es un pecado.* O que una mujer no vale nada porque disfruta el sexo. En la entrevista me preguntaban: *¿Y quién es ese hombre?*

Una experta en sexualidad Wanda Almodóvar, me escribió algo por Facebook que me impacto por lo cierto que es: **"No hay nada más tabú que el buen sexo".**

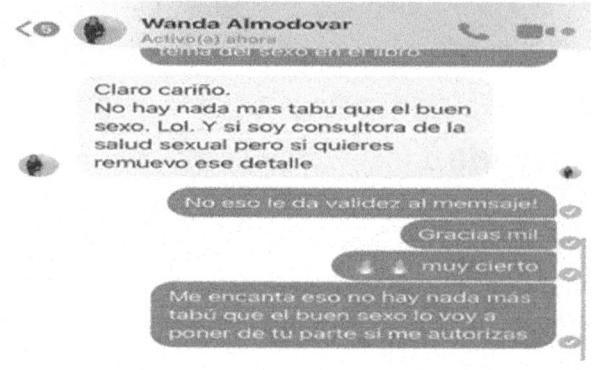

Claro cariño.
No hay nada mas tabu que el buen sexo. Lol. Y si soy consultora de la salud sexual pero si quieres remuevo ese detalle

No eso le da validez al memsaje!

Gracias mil.

muy cierto

Me encanta eso no hay nada más tabú que el buen sexo lo voy a poner de tu parte si me autorizas

Vionette Pietri
2 h · 🌐

Agradecida de mi mentor y amigo, Luis Artemio Mercado Bones por una entrevista refrescante sobre mi libro Nadie me Quita mi Corona 👑 en el programa Despierta Orlando por Univisión

Luis me dijo: "Fue un momento mágico lo que tuvimos en la entrevista". Tiene razón mi mentor y amigo. Me siento bendecida y agradecida.

Wanda Almodovar
Andale que palo. Me encanto tu comentario, "EL MEJOR SEXO". Como consultora de la salud sexual tengo que decir que muchas reinas fallamos en buscar, comunicar y enseñar a nuestro/a pareja/o como mejorar la relación y el sexo. De ese tema no se habla. Me encanto. Felicidades.

6 min   Me importa   Responder   1

 Vionette Pietri
Wanda Almodovar gracias!!! Si hay un estigma sobre que hablar de sexo es un pecado. Hay que deshinibirse! Y disfrutar la vida a plenitud. Es parte de mi transformación y liberación que comparto en el libro. De hecho, escribí una pieza teatral sobre El Mejor Sexo de mi Vida basada en lo que comparto en el libro en 3 horas! 🔥 gracias por tu apreciación

 Vionette Pietri   •••
Hace un momento · 🌐

Muy emocionada de compartirles esta entrevista sobre mi libro Nadie me Quita mi Corona 👑 en Despierta Orlando por Univisión con Luis Artemio Mercado Bones Comenzando el medía tour!

Les puedo decir que hay dos cosas que no han cambiado:

#1: Todavía sigo pensando que, si me muero mañana, hoy fui feliz en sus brazos.

#2 Todavía me sigue mirando como esa primera vez...

Chicas...todas merecen vivir lo que he vivido en esos brazos. Si no les ha pasado... procuren que les pase. Se van a acordar de mi toda la vida. Espero que disfruten como yo su erotismo en todo su esplendor.

Algo muy definitivo en mi vida es que...

```
Prefiero ser la mejor amante que la
mujer perfecta
```

Una reina merece vivir el mejor sexo de su vida.

Si me muero mañana, hoy fui feliz en sus brazos.

Vionette Pietri

Nadie me Quita mi Corona

"Tienes una capacidad de sobreponerte extraordinaria. Eres una máquina de hacer dinero. Mientras te enfocas en ayudar a otros, las bendiciones se te revierten." Me dijo mi mejor amigo Frank Enrique, refiriéndose a mi carrera como *Multi Million Dollar Producer Realtor,* justo al terminar una relación de más de una década.

Me di cuenta de que una mujer con el corazón roto tiene dos opciones en la vida. Recogerlos y seguir adelante, o quedarse rumiando sus penas. No quiere decir que no tengas tu periodo de duelo. No quiere decir que no llores cuando necesitas desahogarte.

Sin embargo, llega el momento en el que una reina tienes que secarse las lágrimas para que pueda ver claramente su prometedor futuro. En muchas ocasiones, ese momento no llega a tu vida, lo tienes que propiciar tú.

Tienes que tomar tu vida en tus manos.

Fue con mi orgullo herido, que le escribí este último mensaje hace más de tres años atrás a mi exesposo. Cuando decidí que ya no soportaría más infidelidades y me daría el lugar que no me daba y merecía:

"Nadie me quita mi corona".

Al terminar de escribir ese mensaje tan revelador, me dije a mí misma: "Ese va a ser el título de mi siguiente libro". Porque entendí en la inconsciencia de amar a la persona equivocada, que realmente nadie nos puede quitar la esencia de quienes somos.

Nadie te quita tu corona.

Naces con ella puesta. *Solamente te quitan tu corona, si tú lo permites.* Reconozco que yo lo permití por muchos años.

Afortunadamente, una reina abandonada cuando decide recuperar su reino es mucho lo que aprende y lo que crece. Además, comparte su reinado con otras.

Es por eso por lo que, en este libro comparto con toda honestidad y transparencia lo que una mujer debe hacer para sobreponerse a cualquier adversidad y triunfar.

Porque es definitivo que cuando una mujer es herida una y otra vez, y ella lo permite, hay cosas que debe poner en su justa perspectiva.

Hay perdones que dar, comenzando hacia ella misma. Hay amor propio que recuperar. Hay ciclos que cerrar para poder seguir renovada y fuerte.

Ciertamente, este es un libro para cerrar ciclos, para nuevos comienzos. Para dejar el pasado atrás y forjarse un futuro. Sin dejar de vivir y disfrutar a plenitud el presente.

Es un libro para recordarte la espectacular mujer que eres. Para animarte a vivir aventuras.

Alcanzar grandes conquistas.

Luego de leer este libro es inevitable que te posiciones en el lugar que te corresponde, donde te toca irremediablemente reinar.

Porque a ti tampoco, nadie te quita tu corona.

SOLAMENTE TE QUITAN TU CORONA, SI TÚ LO PERMITES.

Vionette Pietri

Una Reina Abandonada

Lo había planeado todo. Trataba de revivir ¿ese amor? porque la pasión no existía. Era un fin de semana perfecto. Un hotel cinco estrellas con un jacuzzi muy romántico, con pétalos de rosa, champagne, velas… Pero por alguna razón siempre que planificaba algo para los dos, éramos más de tres. Me acuerda el estribillo de la canción de Maluma "Felices los cuatro." Pero no era ese mi caso. No era feliz. Vivía una relación de mentiras.

Era un jueves que nos íbamos para el hotel. El martes decidió no regresar a su hogar. Parecía que adelantaba la estadía en hotel, pero con la mujer equivocada. Estaba tan herida y a la vez tan decidida a ir al hotel que él mismo había pagado, tal como me había dejado: SOLA. Así que hice una maleta pequeña, con mi sombrero de playa, la ropa interior "sexy" que había comprado para lucirle, mi traje de baño y unas cuantas piezas más. Me fui sola al hotel. Cuando me vi allí en ese bello cuarto con el jacuzzi que anhelaba disfrutar a su lado, tomé la decisión. Regresaría a preparar sus cosas para llevarlas fuera de mi hogar. No soportaría más faltas de respeto, más traiciones, ni rechazos.

Una mujer como yo, es decir, un espectáculo de mujer, que tiene lo que todo hombre soñaría… Como dice mi sobrina Yanina, que es un *full package*, ni ninguna otra, merece ser tratada así. No era la primera vez que hacía algo así, pero si la última.

Ahora me doy cuenta de que no es posible vivir lo que permití.

Ya no le permitía dormir a mi lado. No quería más besos ni caricias "esporádicos" y encima compartidos. Nuestra relación ya había terminado hace tiempo, aunque no quería darme cuenta, ni quería aceptarlo.

Doce años... mucho tiempo para realizar que, en efecto, nuestra relación no funcionaba. Pero estaba ciega. Dentro de todo, me enternecía su corazón noble hacia los demás. Cuando me hacía sentir segura, imponente. Siempre me decía: "Cuando entres a un lugar, hazlo como su fueras la dueña. Con seguridad". Su mentalidad positiva. Cuando estaba en plena guerra y me decía: "No tengas tiempo para estar triste. Manténte ocupada trabajando por tus sueños. Rodéate de las personas que te aman. No te detengas ni por mí ni por nadie".

Sin embargo, eso no compensaba el vacío en mi corazón y en mi piel.

En el fondo me importaba lo que pensaran los demás. Pues muchos pensaban éramos la "pareja perfecta". Además, la costumbre y la presión social te lleva a mantener relaciones que no te hacen feliz. Te quedas allí, aunque sabes que ya no perteneces a ese lugar. No te das cuenta de que se te pasa la vida y las oportunidades de ser feliz comenzando otra vez.

Recuerdo que llamé a mi mejor amigo Frank y le dije: "Ahora si esto terminó para siempre."

Me respondió dudoso y testigo de lo vivido: "¿Estás segura de que esta vez sí lo vas a dejar y no vas a perdonarlo por milésima vez?".

Fue entonces cuando llegó al escenario la gota que colmó la copa. Me refiero al sábado 17 de octubre de 2017 a las 7:00 pm..

Recuerdo que fue un día inolvidable para mí. Estaba en *Disney Springs* viendo a mi tía Loly, mi prima Gisela, y por última vez a mi tío Franklyn, quien estaba padeciendo de cáncer. Yo estaba muy tocada ese día. Ver a mi tío en una silla de ruedas, cuando era un hombre tan fuerte y bello, fue devastador para mí.

Teníamos un evento esa noche y mi ex lo canceló. Me estuvo muy raro pues es muy cumplido con los eventos y más con ese en particular, en el que una revista le hacía un reconocimiento.

Entonces me escribió este mensaje por texto: "Me avisas cuando me vayas a buscar."

De repente pensé: ¿Por qué siempre le tengo que avisar a mi esposo que lo voy a buscar? Sentí un dolor muy fuerte en el pecho. De repente, mi intuición me decía que debía irme. Por lo que me despedí antes de lo que tenía planificado de mi familia y fui a buscarlo a la casa del amigo que se supone estaba esperándome. Llego y toco el timbre. Me abre su amigo y se sorprende al verme. Me dijo que pensaba que lo había buscado a las siete de la noche en el restaurante que estaban. Si tenía razón. Lo buscaron, pero no fui yo.

Entonces soy tan tonta que lo llamo con el corazón en un hilo. Responde "¿Dónde estás?". Le digo: "La misma pregunta te hago." Hubo un silencio. "¿Dónde estás?". Repite la pregunta. "En la casa donde quedé en buscarte," le respondo. "No te vayas de allí llego ahora mismo". Colgó. Lo llamo de nuevo para hacerle la pregunta más idiota del mundo: "¿Con quién estas?".

Obvio no respondió, pues tenía sus manos *muy ocupadas* para hacerlo. Entonces le escribí algo que él pensaba no iba a cumplir:

"Si no respondes a mi llamada, nunca más en esta vida te vuelvo a llamar."

No respondió. No lo he vuelto a llamar desde ese 17 de octubre de 2017 y estamos en el 2021.

Confieso que las lágrimas no me dejaban ver mientras conducía. Me sentía más humillada que nunca en mi vida. Tenía un solo propósito, recoger sus pertenencias en bolsas *Glad* y lanzarlas por el tercer piso para llevarlas a la casa de su amigo. Su hotel gratuito. Así lo hice hasta por la madrugada.

Un vecino me vio lanzando las bolsas de ropa y me dijo: "Parece que botaron a alguien." Tenía razón, lo había "botado" de mi vida para siempre. Así estuve haciendo múltiples viajes hasta que le llevé todas sus pertenencias. ¡Le llevé hasta la sombrilla! No le hablé por esas dos semanas ni una palabra. Aunque lo veía con las manos temblorosas cada vez que me veía llevar las bolsas a la casa de su amigo.

Estaba demasiado herida y enojada, con él. Pero sobre todo conmigo misma.

Al final, en este proceso, es más grande el enojo contigo como mujer que no se está valorando, al permitir que un hombre la humille de esa manera, que el coraje que tienes con el susodicho infiel.

Entonces por supuesto, que como siempre pidió regresar. Me prometió que él cambiaría. Me dijo lo importante que era para él, según él, "la mujer de su vida," y muchas mentiras más que no vale la pena mencionar. Me pidió que le diera unas semanas en lo que buscaba donde quedarse. Le dije que tenia de sobra donde quedarse. Por ejemplo, dónde estaba el día que no respondió mi última llamada.

Al final, superé todas las objeciones de su manipulación por más de una década. No me importa si mi madre desde el cielo me quiere o no contigo, no me importa si te vas a morir pronto, ni me importa si un hombre de mi edad es calvo y barrigón. Así que no tenía nada que decirme para manipularme.

Por primera vez en mucho tiempo me sentí libre. Liviana. Sentí mi poder femenino resurgir dentro de tanto dolor. No me creyó. Probablemente porque estaba acostumbrado a pedir perdón y a ser recibido de vuelta.

Ya por fin termina esta historia en este libro y en mi vida. Pero antes les comparto un poco de lo que viví para que entiendan como es que una reina recupera su corona.

Tenía el don de llevarte al cielo y en segundos al infierno.

Creo que cuando las relaciones son tan intensas como la que tuve, no es fácil reaccionar a los acontecimientos. Vivimos su estadía en la guerra, la muerte de mi madre y la de mi abuela. Momentos muy intensos que en ocasiones terminan uniendo a las parejas en momentos de susceptibilidad.

Ese día me pidió que me pusiera el traje más lindo que tuviera y que me arreglara hermosa. Así lo hice. Cuando llegamos a ese teatro circular, inmenso, impresionante, quedé hechizada... Cuando de repente, veo un escenario como si tuviera fuego y a esos hombres tan bellos cantando como ángeles vestidos de blanco con chaquetas de cola. Comencé a llorar de la emoción. ¡No podía creer que estábamos viendo a Il Divo! Tenía un significado especial para mi pues cuando llegó de la guerra me regaló un CD de ellos y me dedicó la canción *La Promesa*. Recuerdo la bailamos muy románticos el vestido de militar. Se veía tan guapo y yo estaba más enamorada que nunca. Por lo que ese concierto era magia en mi ser.

Ahora que veo todo en su justa perspectiva, que no estoy "ciega, ni sordomuda" como Shakira, me doy cuenta de muchas cosas. En primer lugar, llegamos a la mitad del concierto pues él no pudo llegar antes (imagino lo ocupado que estaba). En segundo lugar, cuando salimos del concierto yo estaba muy emocionada y romántica. Nos sentamos en un lugar bello. Le dije que mirara la luna y en vez de eso miró el celular y pasó como media hora enviando mensajes. Entonces me doy cuenta de que no podría decir que ese fue "mi momento". Porque la mitad del concierto me lo robaron y el final también.

Moraleja: Una reina no puede permitir que le roben los momentos. Mejor es vivirlos sola, o con alguien que de verdad quiera compartirlos con ella.

Si contara todo lo vivido, creo que estarían llorando por una semana. No lo digo por hacerme la víctima, porque no lo soy.

Por fin entiendo que soy la responsable de haberlo permitido.

Tenía razón cuando me dedicó la canción de Ricardo Arjona, *Fuiste tú.*

Lo digo porque ni yo misma puedo creer mi nivel de tolerancia, la falta de respeto hacia mí misma. ¿A nombre de qué? ¿Del amor?

¿Es posible amar a quien te hiere?

¿Es posible herir a quien se ama?

Me hizo pensar en todo lo que nosotras las mujeres somos capaces de hacer por un hombre. Si hiciéramos por nosotras todo lo que nos atrevemos hacer por ellos, fuéramos muy felices con nosotras mismas.

Fue entonces cuando decidí que sería capaz de todo por mí, no por un hombre que no lo merece.

Ahora me doy cuenta de que pasé demasiadas noches en soledad. Demasiada belleza y sensualidad desperdiciados. Ahora pueden entender mejor porque comencé este libro con el capítulo *El Mejor Sexo de mi Vida.*

El otro día, mi amiga Lymaris me dijo, que un hombre parecido a mi ex, la dejaba sola y que ella había aceptado un viaje a Las Vegas con un hombre muy bueno que estaba enamorado de ella.

Cuando me dijo: "Cometí un error." Le respondí: No cometiste un error. ¡Viviste! Ojalá que yo hubiese recibido una propuesta indecente mientras estaba con él. Por eso cada vez que escucho la canción de Romeo Santos *Propuesta Indecente* me identifico.

Otra canción que me hubiese gustado me dedicaran para esa época que estaba ciega es *Sigues con El*, remix con Arcangel y Sech. Cuando escucho la canción *Relación* de Sech cuando dice "Ahora todo cambió le toca a ella, gracias al maltrato se puso bella," me rio y sigo adelante. Porque es cierto, ahora me toca a mí. Tal vez a ti que me lees también te toca.

Es cierto el dicho que dice: "No hay peor ciego que el que no quiere ver." A eso le añado: "Ni peor reina que la que no quiere reinar".

Un día, mi hermana Nadine me dijo algo que cambió todo mi escenario posterior a mi separación. Me hizo reaccionar y darme cuenta de que tenía que ponerle punto final a mi situación de llorar por quien no lo merecía. Me dijo:

"Vio quiero que escuches una canción que me acuerda tu historia".

Así lo hice. Quedé impactada porque era cierto, contaba mi historia. Incluso, ella no sabía el título del libro que estaba escribiendo y tenía que ver precisamente con mi corona.

Una causalidad que tiene que ver con este libro. La canción es *La Mejor Versión de Mí* de Nati Natasha junto a Romeo Santos.

Es la historia de un hombre que, en su complejo de ser rey, ignoraba la corona de su reina.

Precisamente eso es lo que les presento en este libro:

La mejor versión de mí.

En este libro como te mencioné, le pongo punto final a esa historia. Imagino ya sabes quién me dio sin saberlo, el "empujoncito" que necesitaba para olvidar esta historia. Tiene que ver con el hombre responsable de que escribiera el candente primer capítulo de este libro. El otro día recibí una llamada de Don Diou, un gran amigo, quien era el bibliotecario de la cárcel que dirigía en Las Cucharas en Ponce, Puerto Rico. Con quien innovamos y creamos una biblioteca rodante para los confinados, con libros donados y un carrito que el guiaba para llevarle libros a las celdas.

Diou me dijo: "Sé estás sanando heridas. Eres una gran mujer y vas a salir adelante". Lo tenía en altavoz pues iba conduciendo. Cuando termina la conversación me pregunta:

"¿Todavía quieres a tu ex?"

¿Queeeee? Le respondí. ¡Claro que no! Desde que estuve contigo la primera vez, lo borré.

Entonces me dijo: **"Al menos algo bueno he hecho en tu vida".**

Me atrevería a decir que lo dijo con un tono de voz orgulloso. Me arrepentí de haberle hecho esa confesión, pero fue una reacción a su pregunta sin pensar la respuesta. Estoy segura de que cuando lea este libro va a entender la magnitud de cuanto más ha hecho en mi vida y en mi como mujer. Hace poco me dijo: "Te conozco más que nadie".

Ya no me siento una reina abandonada. Me siento una mujer libre de elegir mi destino. Una mujer fuerte. Hermosa. Sexy. Inteligente. Exitosa. Valiente. Apasionada.

Ya entendí que no puedo permitir nunca más ser menospreciada por ningún hombre, ni por nadie.

Quien no me quiere no me tiene.

Vionette Pietri

Me pierde. Punto.

Entendí que soy una mujer que vale oro. Con una capacidad de amar y de amarse a sí misma extraordinaria.

Entendí que Dios me dio mi lugar en la vida desde que nací. Es lo que llamo la *gracia de Dios* en mí. He vivido cosas sobrenaturales. Algunas se las compartiré más adelante.

Yo no era una reina abandonada. Yo estaba perdida.

Afortunadamente me encontré. Les puedo asegurar que ha sido fascinante el proceso de colocarme mi corona nuevamente donde va.

DIOS ME DIO MI LUGAR EN LA VIDA DESDE QUE NACÍ.

Vionette Pietri

Una Reina latina Fit

Toda mi vida había estado tan orgullosa de mi cintura. Pequeña, firme ¡Desde mi adolescencia me decían cintura avispa de bon bon! Por mi condición de endometriosis severa, nunca he tenido hijos, eso ayudaba bastante. Aparte siempre he tenido gimnasios, ofrecido clases de ejercicios y soy bailarina danza del vientre. Hace casi 4 años dejé de dar las clases en la fundación de *belly dance*. De repente pasan los años y nos enfocamos en otras cosas. Nos olvidamos de nosotras. Así comencé a ganar peso. Llegué a tener más de 20 libras de las que debía tener.

Leí un artículo en el que los doctores aseguran que mientras más grande la cintura más probabilidades de un ataque al corazón. Eso me preocupaba muchísimo. Les confieso que, aunque me sentía hermosa, pues soy una mujer curvilínea, en ocasiones me deprimía verme al espejo porque toda mi vida había sido una mujer *fit*. Una latina *fit*… y no podía dejar de serlo. ¡Estaba acostumbrada a detener el tráfico! No era cuestión de ego, sino de amor propio. Quería recuperar mi esencia.

Así comencé a ir a gimnasios. Contraté entrenadores carísimos que no hacían nada por ayudarme.

Hice dietas supuestamente milagrosas. Nada funcionaba. Porque olvidaba que para poder lograrlo debía ser un estilo de vida. No algo temporero o una obligación. Debía disfrutarme el proceso. Mi gran amigo, maestro de educación física, quien me ayudaba en mi gimnasio en San German, Puerto Rico, Eduardo Brinn, me dijo que podía recuperar mi cintura y comenzó a darme sugerencias para lograrlo.

Un día un entrenador vio un video que publiqué en *Facebook* haciendo ejercicios. Me dejó un mensaje de voz por *Messenger* en el que me decía que estaba haciendo un ejercicio incorrecto y que me podía lastimar. Me pidió una cita para almorzar y a su vez para ofrecerme sus servicios como entrenador. Eso fue el 25 de agosto de 2020. Al otro día comencé lo que ha sido la transformación de mi vida.

Desde entonces entreno con el cinco días en semana. Ya cumplí un año del inicio de mi transformación física. En menos de 6 meses mi cuerpo llegó a verse como si el tiempo no hubiese pasado en mí. Comenzaron a escribirme muchas personas impresionados con mi transformación física. Al igual cuando me ven en persona se impresionan por como luzco. ¡Hasta tocan mi cuerpo!

Para: **Saudy Balzac,** +

 Nena estas salvajemente bella, love it

25 NOV 2020 14:09

Viniendo de ti que eres una muñeca me lo creo!!! Esto va para el libro jiji

♥

Puedo jurar que te vi en Lajas a principio de año. Andaba yo por La Parguera en alguito que tenemos por allí en las flotantes, y quedé bruto. Le comenté incluso a mi esposa el incapie lo que podría lograr físicamente si llegaba a su edad. Ella va por ahi con una escultura como la suya, pero aun le faltan como 20 años más de cuidarse y no dejarla caer. Es un reto para cualquier mujer llegar como lo ha hecho usted. Wow. Por lo demas, exito en todas tus empresas y negocios. Las mente Millonarias tienen millonarias virtudes.
Éxito Belleza.

Si me equivoco discúlpeme, juraría que fue usted.

28 FEB 8:05

Si! Era yo con mi familia asumo. Mi hermana tiene casa de playa allí

Tenía como meta que para cuando me hicieran el reconocimiento como *Multi Million Producer Realtor* luciría espectacular. Fui directo a *Macy's* a comprar un traje. Tenía en mente un traje color negro. Lo vi. La etiqueta decía: "*Little Black Dress*". Vi el tamaño: "Size 5". En ese momento era tamaño 8/10. Fui directo al medidor solamente con ese traje. Cuando me lo medí casi se me salen las lágrimas al ver que me cerraba fácilmente y que me quedaba espectacular. Compré unos bellos zapatos en juego. Aquí ven el resultado de mi esfuerzo de como lucí ese día. El video de mi premiación lo vieron más de 7,000 personas por *Facebook*.

Vionette Pietri Realtor
Publicado por Vionette Pietri
ene. 1 · 🌐

Ya estoy lista para comenzar el 2021 ayudándote a planificar el proceso para que puedas tener tu bella casa. 🏠 Mi misión es educar a mis cliente... Ver más

Para darme ánimo a mí misma comencé a publicar fotos diarias de mi cambio de imagen con la ropa de ejercicios en mis historias de *Facebook* y de *Instagram*. De repente veo un gran impacto en muchas personas que comienzan a escribirme de diversas partes del

mundo, Colombia, España, Republica Dominicana, Puerto Rico, Florida y de otros estados. Me convertí en una *latina fit influencer.*

Estas fueron las primeras fotos que publiqué comenzando mi transformación física.

Justo al mes de comenzar a trabajar mi cuerpo con mi entrenador. Pueden ver la gran diferencia en las siguientes fotos. ¡Sobre todo, en la cintura!

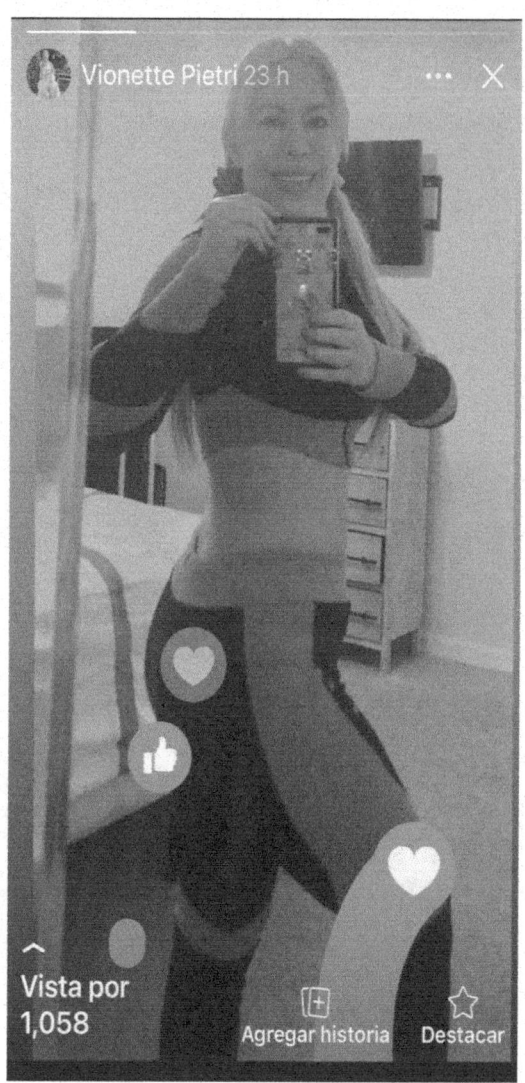

61   Nadie me Quita mi Corona

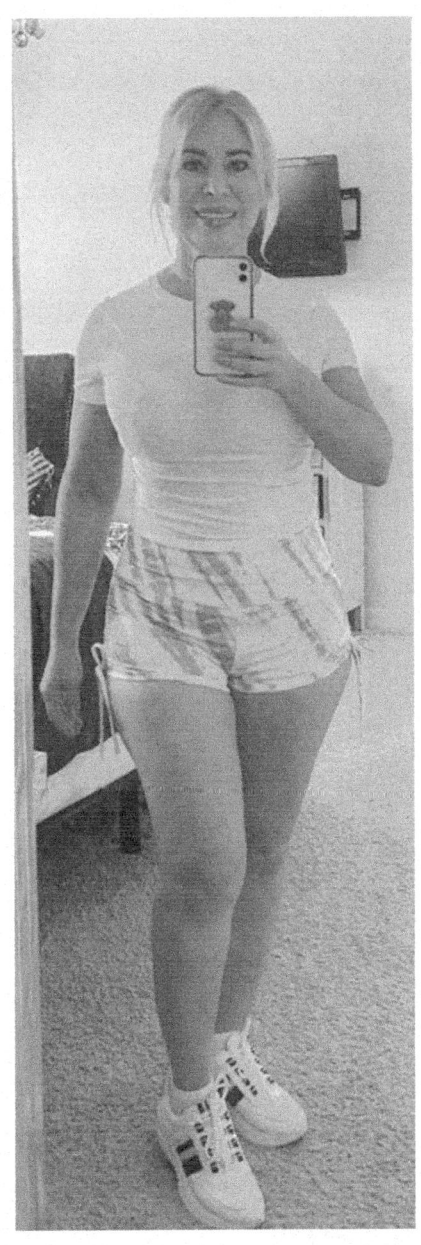

Vionette Pietri

Vionette Pietri

65   Nadie me Quita mi Corona

Vionette Pietri
2 días · 🌐

Para llegar a la cima necesitas enfocarte. Perder... Ver más

👍❤️ Noel Vega y 194 personas más   21 comentarios

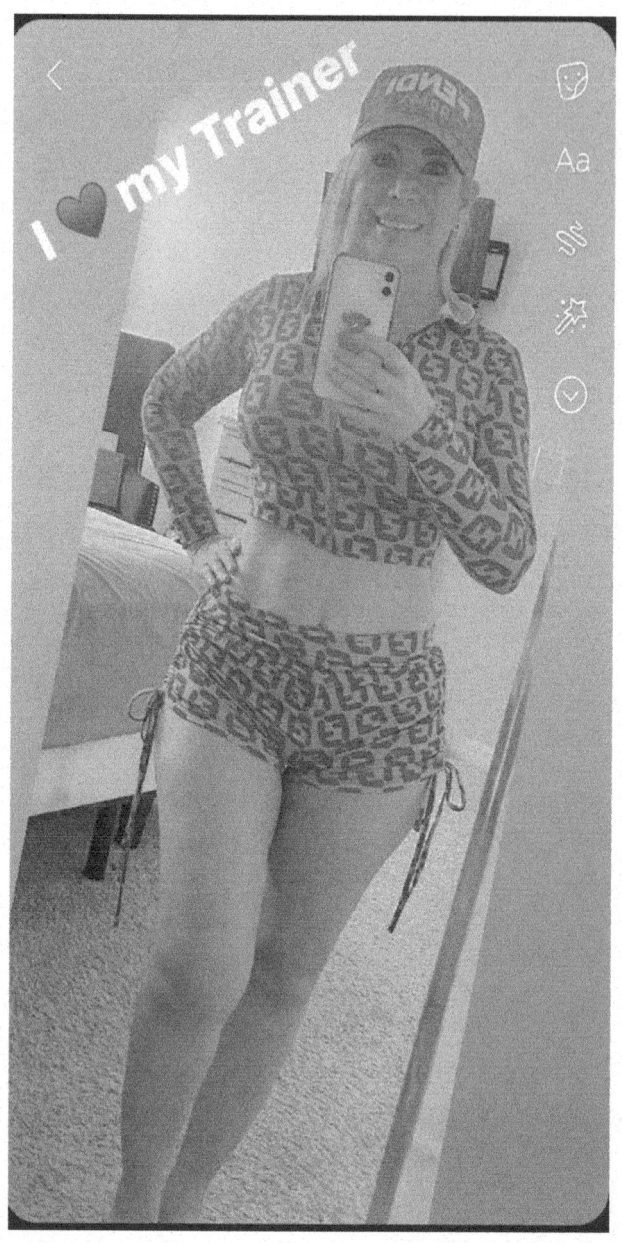

67   Nadie me Quita mi Corona

69   Nadie me Quita mi Corona

Mi nuevo traje de baño para RD y para la Parguera 🙏🔥🩴😄

7:45 p. m. ✓✓

Queee a parar el traficoooo   7:46 p. m.

Nena ese cuerpo está de 25 años

7:46 p. m.

Siiii   7:46 p. m. ✓✓

Jajajaja asi mismo me siento 😂😂

7:46 p. m. ✓✓

No publico las fotos para seducir a alguien. Ni porque me crea soy una modelo. Incluso casi todas las tomo, acabada de levantar, sin maquillaje y despeinada, previo a mis entrenamientos diarios. Son fotos para inspirar… Para enviar el mensaje de que las mujeres con disciplina y determinación, podemos vernos bellas y saludables a cualquier edad.

Como también que está bien verte sexy…

Porque existe un estigma de que una mujer que es sexy no es inteligente, o es vulgar. Nada más lejano de la realidad. Una mujer puede ser sexy y también una mujer brillante, sin ser vulgar.

Lo más emocionante del proceso fue que comencé a recibir testimonios de muchas personas. Una de ellas es una gran amiga dominicana, Gianny Liranzo. Me sorprendió cuando me escribió que le hablaba de mi a sus amistades y que yo la motivaba a ponerse en forma. Así mismo, cientos de personas me escribían y todavía me escriben al ver mi transformación. Me preguntan que estoy haciendo y me cuentan cómo les va. Me dicen que cada mañana esperan verme, leer mis mensajes de motivación pues eso les motiva a ponerse en forma. ¡Hasta me piden cree una línea de ropa deportiva! Especialmente Felicita Burgos de Puerto Rico siempre me lo sugiere. Como también, Emilce Jiménez de Colombia. Ambas me escriben todos los días mensajes de apoyo que valoro mucho. Como también no pueden faltar los comentarios de los caballeros.

Me he ido comprando ropa espectacular para disfrutar mi villa vacacional en Punta Cana...
Vionette Pietrí

Hola Buenos Dias

Como estas?

Sabes que te admiro mucho mucho y tus mensajes diarios me encantan.

Eres un verdadero ejemplo para nosotras las mujeres

También decidí cambiar mi imagen. Frank me presentó a Victor Casiano. Un estilista espectacular, que ha trabajado con artistas y reinas, quien va a mi casa a ponerme preciosa. Inclusive por un tiempo me coloqué extensiones, sugeridas por él. Me convertí en una rubia fabulosa como lo era mi madre.

Victor se ha convertido en un gran amigo y consejero para que me vea más bella. Un día mi apasionado amante me dijo: "Te van a decir la *Barbie realtor*". Me sonreí y así fue. ¡Comenzando con mi gran amiga Sonia González, que me decía parecía sacada de la novela *Pasión de Gavilanes* o de *La Sultana*! Dependiendo el "outfit". Sonia es una cliente que se ha convertido en familia. Tiene el dom de animarme y de hacerme reír.

Aquí con mi estilista que me consiente y tiene tanta paciencia… Victor Manuel Casiano, y con mi amiga

Sonia en Mount Dora Historic Downtown. Las dos hemos tenido una transformación física espectacular. Sonia fue una de las primeras en comprar tres libros para asistir al evento de lanzamiento. Se lo agradezco mucho. Como también que confiara en mi desde Puerto Rico para comprar su casa en la Florida.

Vionette Pietri

Nadie me Quita mi Corona

Vionette Pietri

Recordé un día que llegué a la cárcel que dirigía en el Complejo Correccional las Cucharas en Ponce, Puerto Rico y llevaba por primera vez en mi vida el cabello de ese color rubio. Estaban ingresando a un confinado y recuerdo gritó al verme: "¡Acabo de ver un sol! Si sé que esto me espera vengo a la cárcel voluntario". Seguí caminando con mi escolta aguantando los deseos de sonreír.

Soy bendecida por tener al mejor entrenador que haya conocido. Su "coaching" es uno integral. Pues no tan solo me da unas rutinas de ejercicios espectaculares. Desde *cardio boxing, full body*, cardio, pesas, ¡¡He movido la goma de 200 libras!!. Hago los ejercicios con la soga.

Aparte me ha hecho llevar una nutrición bien nutritiva. Tomar colágeno, proteínas, vitaminas. El relajamiento, la meditación, escuchar afirmaciones, hacerlas durante el día.

Escuchar a Daniel Habif, relajarme, han sido las otras facetas de este "coaching" integral que he recibido de mi entrenador. Me enseñó a saludar al sol. A saludar a Dios antes de hacer los ejercicios. A abrazar los árboles, me dijo un día: "Piensa en tu mamá. Dale, amor al árbol. Piensa que eres tú. Quiérete". Una terapia que me dijo se utiliza en China para combatir la depresión. Lo hice y fue fascinante lo que sentí. Les puedo decir que de verdad mi vida ha cambiado al estilo de vida saludable que me encanta.

Los primeros tres meses fueron los más fuertes. Tenía que hacer 5 días cardio 45 minutos en la caminadora empinada al máximo, y adicional el entrenamiento del día. Levantarme a las 5:00 am y estar en el *gym* a las 6:00 am. ¡Yo que soy tan dormilona! Aparte, eliminar por completo la sal y la azúcar fue super difícil para mí. Aunque siempre que digo que algo es difícil me dice: "No es difícil, es un reto".

Debía comer más veces al día de lo acostumbrado. Preparar mis 35 comidas semanales y seguirlas al pie de la letra fue un proceso fuerte. En ocasiones lloraba, pues es un verdadero "reto" tener tanta disciplina. Mi entrenador o Frank me las preparaban y me animaban a seguir. Ahora se me hace muy fácil llevar mi nutrición adecuada.

También entrenando he llorado varias veces. Mi entrenador me lleva al límite y por eso se ven los resultados. Me ha enseñado que de las cosas pequeñas podemos hacer cosas grandiosas.

"¡Tú puedes! Nunca digas que no puedes" "Tienes que exigirte más y más cada vez".

Si me quejo me dice:

"La vida no se hizo para quejarse".

Varias de las frases que me repite día a día. En ocasiones, si no terminaba mi rutina, se iba del gimnasio y me decía que no estaba para perder su tiempo.

Así he logrado tener la mejor condición de mi vida.

Me siento orgullosa de mí misma. Tener una nutrición saludable y realizar ejercicios 5 días en semana es parte esencial de mi estilo de vida. Aquí en esta foto celebrando mi primer año entrenando. 8/26/2021

Nunca había sido una chica de actividades *outdoor*. Sin embargo, desde que estamos entrenando en un parque espectacular junto a la naturaleza, me encanta.

Particularmente cuando hacemos ejercicios en un muelle justo encima del lago, es impresionante.

También hacemos ejercicios subiendo y bajando las montañas del parque. A ese entrenamiento le llamo el entrenamiento de JLO porque si te quieres ver como ella te tienes que sacrificar (en puro castellano "joder") como ella.

Allí estaba hoy entrenando una hora subiendo y bajando montañas de arena
Le llamo JLO training 😂😂 👆 👆

Eso esta excelente!!! Yo de igual manera siempre asisto al Gym. By the Way no tienes nada que enviadiarle a JL(↓ ves espectacular 💪

Donde vivo están construyendo y hay unas montañas de arena. Allí nos ejercitamos y en el tope nos sentamos a meditar. Eso es muy bueno para mí que soy una mujer tan intensa y acelerada. Aprender a bajar revoluciones ha sido un reto. Pero bien ha valido la pena.

Precisamente, un día que meditábamos en el muelle en ese bello lago, mientras le pedía inspiración y guía al Espíritu Santo, me vino esta revelación:

Escribe y publica tu libro.

El momento llegó, me dije a mi misma. Se lo compartí a mi entrenador y me dijo que lo hiciera. De verdad te recomiendo meditar. Trabajar tu espiritualidad. Como también te recomiendo los masajes relajantes y los "spa" con burbujas. ¡Quitan hasta los dolores musculares!

Cuando viajé a puerto Rico las pasadas navidades mi entrenador me dijo: "Si quieres mantenerte y no subir de peso, de esos 17 días necesitas hacer por lo menos 14 de ellos cardio mínimo 45 minutos. Divide las porciones de comida que te den".

Tan pronto llegué, compré con mi cuñada Brenda mis meriendas nutritivas y 17 galones de agua. Me tomé un galón de agua con limón por día religiosamente. Me quedé en La Parguera, en Combate, en Palmas del Mar con mi hermana Bebé, quien tiene una industria hotelera. La pasé inolvidable. Mira que bella esta foto que me tomo mi hermana Bebe, en Palmas del Mar, con dos de sus hijos, mis amados sobrinos, Jean Pierre y Camila. Ese es uno de mis lugares preferidos de mi hermosa isla Puerto Rico.

Mientras todos dormían yo estaba temprano en la mañana haciendo mi rutina en todas las playas que visité. Algunos días con mi sobrina Camila, con quien compartí momentos hermosos. Una experiencia divina.

También me quedé en la casa de mi hermano Tito en Hormigueros. Todos los días hacia ejercicios con mi sobrino Mauro.

Cuando me quedé en Mayaguez, en la casa de mi padre, caminé por todo mi pueblo. Cuando me servían la comida, dividía la mitad y me comía la mitad, aunque me peleara mi familia experta en consentirme.

El día que me iba de Puerto Rico mi hermano Tito me dijo que me pesara. Cuando lo hice me sentí feliz. ¡Había bajado una libra en 17 días en mi isla y en plena época navideña! Orgullosa, lo compartí en las redes porque para mí fue un logro extraordinario con tantas delicias que comí. Aquí pueden ver la foto que me tomé feliz.

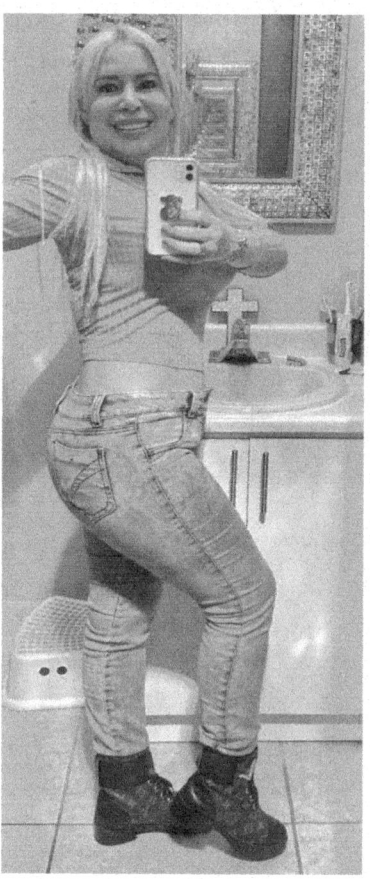

No dejé de disfrutar mis vacaciones, pero tampoco dejé de ser disciplinada y constante con los ejercicios. Porque me hace feliz estar saludable y en forma.

Con disciplina lo podemos lograr todo en la vida.

Cuando te ves más sexy y joven, te sientes más saludable, es que piensas que bien vale la pena esforzarse.

La vida es tan corta que hay que disfrutar el hoy. Porque el mañana no sabemos si llegará. Por eso, yo hoy quiero verme fabulosa. Punto. No lo hago realmente por seducir a nadie. Lo hago por mí misma, por mi salud. Es parte de mi amor propio.

Entonces todos te preguntan para quien te pones bella ¡Para mí! No les voy a negar que por supuesto que me encanta ver los ojos de admiración del hombre que me desnuda y me llena de placer.

En las mañanas quiera o no levantarme de la cama lo hago. Mi madre se levantaba todas las mañanas y se ponía hermosa. Nos decía a todos siempre:

¨Hay que levantarse la moral¨.

Me miro al espejo, me arreglo bella, me monto en mi carro y me voy a comer el mundo. A producir dinero. A divertirme.

No olviden que una reina... se divierte.

Nunca es tarde para que estés en la mejor forma de tu vida. Me han dicho que si le estoy dando para atrás el reloj.

 Vionette no me digas que regresas a high school!!! Definitivamente que le has dado pa' tras al reloj... Felicidades por que lo hiciste para ti!!!

Jajajajaja gracias! Un abrazo. Cómo está el nene.

Buenos días, Vionette. Pero ven acá de que fuente de la juventud tu estas tomando, coñoooo porque que bella estas.. Excelente y bendecido día. Cada día más..

Jajaja eso lo voy a poner en mi libro si me permites sin tu nombre

< **Vionette Pietri** ✎ Q

mundo!
#latinawriter #internationalrealtor #latinafit

👍❤️ 303   101 comentarios 1 vez compartido

Es definitivo que llevar un estilo de vida saludable y *fit* se nota. No obstante, les aseguro *que tener buen sexo y sentirte deseada, también rejuvenece.*

Salí a compartir el otro día con mi gran amiga Jazmín Penagos, autora del *bestseller* en *Kindle* de Amazon, que les recomiendo lean: *Y el Jazmín Floreció*. Ese día que era el primero de asistir a un evento en la comunidad luego de más de un año sin salir por la pandemia, me encontré con muchas personas muy impresionadas con mi nueva imagen.

Muchos me pedían tomarse fotos conmigo. Luego del evento nos fuimos a un restaurante muy acogedor en *Downtown Orlando*. Cenamos y nos tomamos una deliciosa sangría, mientras hablamos de tantas cosas por horas. Ella es una mujer muy sabia y espiritual. Aprendo demasiado de ella.

Recuerdo cuando la conocí en un evento que estaba promoviendo mi primer libro. Se me acercó y me preguntó: ¿Eres Vionette Pietri? Le dije que sí. Entonces me abrazó y comenzó a llorar. Me contó que mi primer libro *Detrás del Velo... Descubre la Diosa en ti*, lo había leído en una biblioteca pública en Orlando y que le había cambiado la vida. Comenzó a tomar clases de *belly dance* conmigo y también comenzó una amistad para toda la vida. Ahora soy yo la que cambio mi vida con su libro y sus enseñanzas, pues por fin decidió compartir y publicar su increíble filosofía de vida. Ahora soy yo también su "fan".

Ese día estaba muy impresionada con mi nueva imagen.

Me dijo que me veía preciosa, que lucía como una mujer de menor edad, que era otra mujer. Porque no tan solo era mi transformación física, también era la sexual y la emocional la que habían hecho un gran cambio en mí. Me dijo algo que me encantó saber y que no había notado: "Recuperaste a tu niña interior y se nota".

Por eso te ves tan joven. Porque sanaste las heridas de la niña en ti. Como también me dijo,

"Como carajo tu logras en los momentos más difíciles, cosas tan grandiosas".

Me hizo reír su pregunta. No me la esperaba. Le respondí que lo aprendí de mi madre. Que es parte de la capacidad de sobreponernos a los conflictos lo que hace una gran diferencia en nuestras vidas.

No podemos tener excusas para nada en la vida. Lo que alcanzamos lo logramos con nuestra determinación. sin importar las circunstancias. Así había sido para mí transformación física, y en otros aspectos de mi vida.

Era para mí un reto verme como cuando bailaba en los mejores escenarios *belly dance*. Estoy sumamente agradecida de mi entrenador por ayudarme a que recuperara mi esencia y ¡mi cuerpazo!. Mi sobrino John John me envía mensajes impresionado.

David Nazario
Activo(a) ahora

🤍🤍🤍 Beautiful 😊 saludos Vio

Gracias David saludos

Espectacular eso

Me hace falta bailar en escenarios como antes!

Muchacha vas a opacar a las d 20's y 30's t ves super good job

Jajaja gracias!

Lourdes Acevedo
Activo(a) ahora

Te ves divina me recuerdo cuando te conocí tomando tu clase de Belly Dancing 👏👏👏👏👏👏

Gracias!!! Me siento como si fuera esa época

Extraño tanto bailar

Siiiii te ves espectacular omg 😊 😊👏👏👏👏👏

Muchas gracias eso me anima

Mejor q Shakira

Gracias!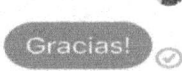

Vionette Pietri
6 días · 🌐

Me siento orgullosa al ver esta foto pues luzco c... Ver más

👍❤️ Zindy D. Cruz y 343 personas más   69 comentarios

Esta es la foto que mi amiga Sonia dice parezco sacada de la novela *La Sultana*. Mi amiga y mentora Waleska también reaccionó a esta foto.

Vionette Pietri

Waleska Rodríguez JD
Sin palabras esto es más allá de Divino 🖤
🖤🖤

47 min   Me importa   Responder   1

    Vionette Pietri
Waleska Rodríguez JD gracias!!!! 👑👑
👑👑 🖤 you. Eres parte de mi libro de
nuevo!!! Mi mentora y amiga.

Mi hermana Normita es una de las mujeres más inteligentes y bellas que conozco. De hecho, todos mis hermanos lo son. Ella me sorprendió el otro día cuando les comentaba que se supone usara fajas luego de bajar de peso pero no me gustaban. Entonces me dijo:

"!Vio, para que carajo vas a usar fajas! ¡Si tienes hasta los abdominales marcados! Entonces me contó lo que hablaba de mi con sus compañeros de trabajo. Pude notar lo orgullosa que está de mi tal como yo de ella.

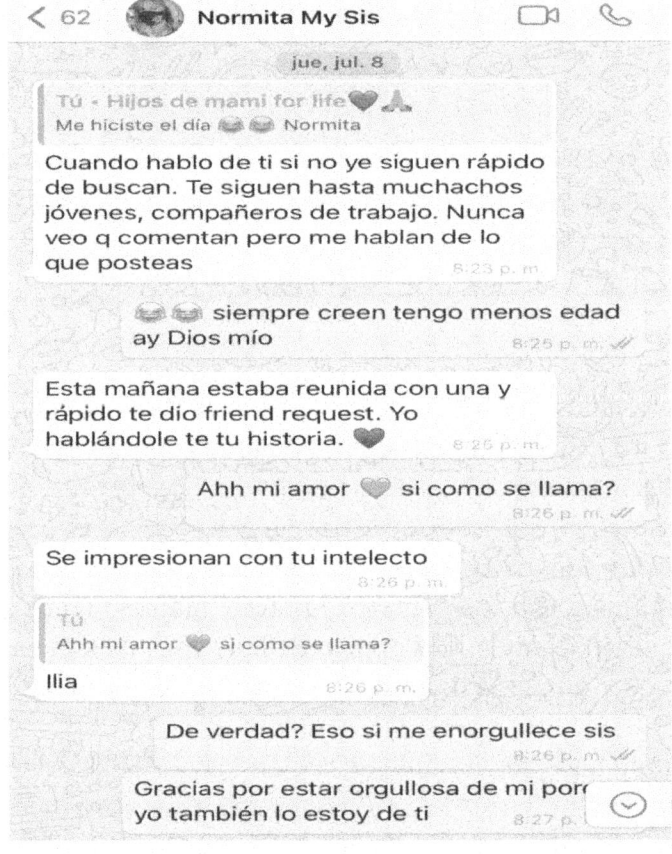

Vionette Pietri

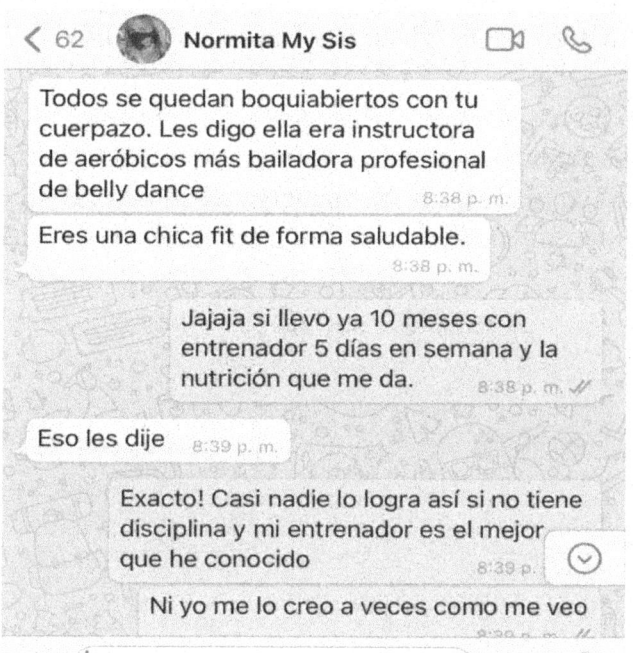

Me encantas cuando por tus escritos confirmas lo que yo digo. 🖤 8:28 p. m.

< 62 Normita My Sis

Todos se quedan boquiabiertos con tu cuerpazo. Les digo ella era instructora de aeróbicos más bailadora profesional de belly dance 8:38 p. m.

Eres una chica fit de forma saludable. 8:38 p. m.

Jajaja si llevo ya 10 meses con entrenador 5 días en semana y la nutrición que me da. 8:38 p. m. ✓✓

Eso les dije 8:39 p. m.

Exacto! Casi nadie lo logra así si no tiene disciplina y mi entrenador es el mejor que he conocido 8:39 p.

Ni yo me lo creo a veces como me veo

Mi hermana no sabe lo valiosas que son sus palabras para mí. Me inspiran a seguir adelante con mi estilo de vida saludable.

Siempre soñaba con que el reconocido pintor colombiano Carlos Alberto Quintero, hiciera una obra mía semi desnuda. Era el plan de hace más de una década y nunca lo hicimos.

Tiempo atrás recibo un mensaje en Facebook de su parte diciéndome: "Preciosa, ya estás listas para tu cuadro¨.

Sin pensarlo le dije que sí. Quedó impresionado con mi cuerpo y con mi piel. ¿Saben que nombre le puso a la obra?

Queen Heart. ¡Reina de corazones!

Les cuento que él no sabía sobre el título de este libro. Pero me di cuenta de que todo iba encajando. Son "causalidades" como decía mi madre, no casualidades. Esta es la segunda, la primera fue la canción que me dijo mi hermana escuchara. Recuerdo que cuando estábamos en su estudio vimos muchas mariposas en su patio. Me dijo: "Esas mariposas representan la metamorfosis que vas a tener". Mucha razón tenía mi querido amigo artista.

Vionette Pietri

Ahora que estaba eligiendo y probándome
los ajuares para los *shooting* de fotos del libro, y para
mis otras empresas internacionales, Frank me dijo:
"Mujer te ves tan fit. Te ves espectacular. ¡Cada año de
pones mejor!".

Les pido a todas y todos los que leen este libro que
saquen tiempo para hacer ejercicios. No lo pospongan.
Que sea parte de su estilo de vida. No olviden que
somos lo que comemos realmente. Nuestra piel y
nuestro cuerpo lo reflejan. Amo verme en forma. Verán
que bien vale la pena llevar un estilo de vida saludable.

Recuerden lo que siempre les digo chicas, tomen mucha
agua, hagan ejercicios, coman nutritivo y pónganse
bellas desde que se levanten.

Porque una reina tiene que estar bella y
saludable a cualquier edad. No hay otra
opción.

PUEDES VERTE BELLA Y SALUDABLE A CUALQUIER EDAD.

Vionette Pietri

Una Reina Necesita su Castillo

Luego de separarme de mi ex, comencé a trabajar más fuerte que nunca en mi vida. Me enfoqué en sacar adelante la carrera musical de mis sobrinos *Kayan & John Dee*. Eso me dio fuerzas. Al llegar al límite de mi inversión y darme cuenta de que una reina necesita su castillo, en un mes recuperé los $60,000.00 que invertí en ellos en casi dos años.

Mi padre me preguntó un día ¿Estás vendiendo casas o aguacates? Porque pienso que Dios te está bendiciendo tanto por todo lo que les diste a tus sobrinos desinteresadamente. Mi hermana Nadine con cada venta que realizaba gritaba: ¡Aguacates!

Mientras le hacía sueños realidad a otros, no dejaba de mirar el rostro de felicidad y de orgullo propio con cada llave que entregaba. Ser dueño(a) de su propio hogar es uno de los logros más grandes de las familias que ayudo. Yo había tenido mi casa propia en Puerto Rico. Ya había llegado el momento de hacer realidad mi sueño en Florida.

Es definitivo que una reina necesita su castillo. Necesita invertir en ella, planificar su futuro, aunque se enfoque en vivir el presente. Necesita tener un lugar que sea de ella para vivir, para ser feliz, para reinar.

Una de mis mentores y amigas se llama Denisse Caraballo. La conocí años atrás en una comunidad de propiedades nuevas que visité.

Ese día me dijo unas palabras que nunca olvido:

"Déjame ayudarte a ser millonaria".

He aprendido mucho de ella y se lo agradezco. A través de ella conocí a otra de mis mentoras principales en bienes raíces y gran amiga, Janet Marrero. Tiempo después de conocerla, Janet sabía que estaba en el proceso de planificar la compra de mi propiedad.

Un día me llama y me dice "Vionette tengo el lugar indicado para ti. Se puede construir la piscina que quieres en tu patio y es un lugar exclusivo con muchas amenidades". Me dio la dirección y fui a visitar la comunidad.

Me encantó la entrada de la comunidad con árboles bien altos. El lugar, si tenía razón Janet, era exclusivo y privado, con acceso controlado. La piscina de las más bellas que haya visto. Con un *clubhouse* bien elegante. Con gimnasio, para mi esencial, salón de yoga, salón para realizar eventos, *theater room* y *poker room*.

Fui a ver las modelos que había en la comunidad. Me enamoré de la última propiedad que vi. Recuerdo que grabé un video que decía:

"Esta va a ser mi casa".

Me encantó por la fachada con piedras. Adentro era un sueño. Con una cocina espectacular. Un *high ceiling* impresionante. El *master room* era una habitación bien amplia, el baño parecía un *spa*. Mi *walking closet* bien grande como lo necesitaba. ¡Pues me encanta irme de *shopping*!

Me gustó mucho que tenía una habitación sin puerta, bien acogedora. Me dije, allí va a estar mi oficina. En otra habitación me dije que la decoraría todo de Disney, para que fuese como una villa vacacional para mis sobrinos. Quería esa habitación llena de regalos.

Entonces, entra en el panorama Denisse nuevamente.

Me reúno con ella y me lleva a ver los terrenos. Elijo uno. Luego cambio de opinión. En fin, fui una cliente un poco difícil. ¡Hasta el granito quería cambiar! Sabiendo que no se podía. La llevé a celebrar la compra de mi bella propiedad, en uno de sus lugares preferidos para cenar.

Iba a visitar mi terreno cada semana y veía que no se construía nada. Entonces llamo a Denisse y se lo digo. Me dice: "Mujer recuerda que cambiamos el terreno, ya era de noche y parece no recuerdas. Sigue conduciendo más abajo y busca el lote que te corresponde. Luego que lo veas me llamas.

Así le hice caso y seguí hasta llegar a mi verdadero lote. Cuando vi la vista que tendría mi casa comencé a llorar. Era un lago espectacular, con un bosque atrás. Podía hasta escuchar los pajaritos. Me dio una paz increíble. La llamé y le agradecí que me recomendara invertir los $20,000 que no quería pagar por mi terreno.

Pues era definitivo que esa vista y esa paz no tendrían precio. Imagínate que no tomaba café y por la vista tomo una taza cada mañana, porque ver tanta belleza lo amerita.

Todas las semanas a partir de allí, específicamente, los viernes, mi mejor amigo y asistente Frank, me acompañaba a ver los adelantos de la construcción de mi propiedad.

Mi prestamista y amigo Diego Bisbal, me atendió estando de vacaciones en China. No me dijo nada que estaba de vacaciones, pero le agradeceré toda la vida su apoyo. Pues yo misma fui parte del programa *Pasitos*, que he creado junto con su maravilloso equipo, para rectificar el crédito y comprar casa. Solamente tenía varias cuentas que rectificar. Mi crédito subió muchísimo y compré con un interés bien bajo. Logré el pago que quería. Así formamos un equipo espectacular junto a Israel, Rodrigo, Cecilia, entre otros. Según yo lo logré, ayudamos a docenas de familias a tener también un techo seguro. Pues es el único prestamista que conozco que no deniega préstamos, sino que busca alternativas para que las personas logren comprar su casa.

Recuerdo que mi hermana Nadine viajó a la Florida con su esposo Javier y mi sobrino Javito. Planifiqué sorprenderlos. Los invité al cine que me fascina con sillones reclinables y que te llevan la comida a tu asiento. Luego de allí les dije que les iba a mostrar un lugar donde había vendido muchas propiedades. Íbamos todos en mi carro. Javier dijo al ver la entrada: "Este lugar es para gente rica". Sonreí. Les mostré las amenidades. Se sentaron en las sillas de la piscina. A Javito le encantó. Luego los llevé a la casa modelo. Cuando entramos les dije: "Esta va a ser mi casa". Se emocionaron muchísimo y me felicitaron. Javier siempre me dice que se siente orgulloso de ser mi cuñado. Si supiera lo afortunada que soy de que sea mi familia.

En una ocasión que me sentía muy triste me fui sola para un hotel hermoso frente a la playa en *Daytona Beach Shores*. Recuerdo que llamé desde la habitación del hotel a mi hermana Nadine y le dije: "Vente conmigo unos días para *Anna Maria Island*. Primero me dijo que no podía por su trabajo, por el nene, etc.

Luego, en menos de media hora, me llamó y me dijo: "Vio, compra el pasaje que me voy unos días contigo". Así estuvimos uno de los fines de semana más felices de mi vida compartiendo en esa bella playa. Nuestra estadía fue perfecta. Llevé un libro de pintar y pintamos como cuando éramos niñas. La llevé a comer a los mejores restaurantes y como siempre de *shopping*. Ella siempre es tan solidaria conmigo. Tiene un sentido de compasión como pocas personas. Me dio la mano firme cuando cruzamos en mi carro el puente, pues es una de mis fobias por el mar. Como también me tomó la mano dentro del agua por mi temor a los tiburones.

Recuerdo que su esposo Javier le dejó un mensaje que nos hizo reír tanto a ambas: "Soy Javier Huertas y estoy buscando a mi esposa que se llama Nadine Orsini". Pues ella estaba tan feliz y relajada que apenas respondía las llamadas. Su hijo, mi sobrino Javito, le dejaba mensajes también. Realmente, como me dijo Frank, parece que ella también necesitaba esas vacaciones. Comimos frente al mar con los pies en la arena. Disfrutamos en la piscina. Le dimos de comer a los pájaros. En fin, una aventura inolvidable que le agradezco tanto y que quiero repetir. Mi ahijada Raisa trató de unirse al plan para darme una sorpresa, pero lamentablemente no pudo.

Solamente sabían sobre la compra de mi propiedad, aparte de Frank, mi hermano Tito, su esposa Brenda, mi ahijada Raisa, y mi tía Zulma.

Los llamaba por video conferencia y se disfrutaron conmigo el proceso de construcción de mi propiedad.

Tal como el 31 de marzo de 2018, donde me puse como fecha límite comprarme mi Alfa Romeo y lo logré. Mi cierre fue el 31 de marzo de 2020.

Sé que es una locura, pero llevé el envase de madera que preparó mi hermana Bebé con las cenizas de mi madre al cierre. Ella tenía que estar conmigo. Frank me acompañó.

No imaginas cuanto desearía que mi madre estuviera viva y disfrutara de mi bello hogar. En esos momentos de tanta felicidad recordaba cuando me despedí de ella.

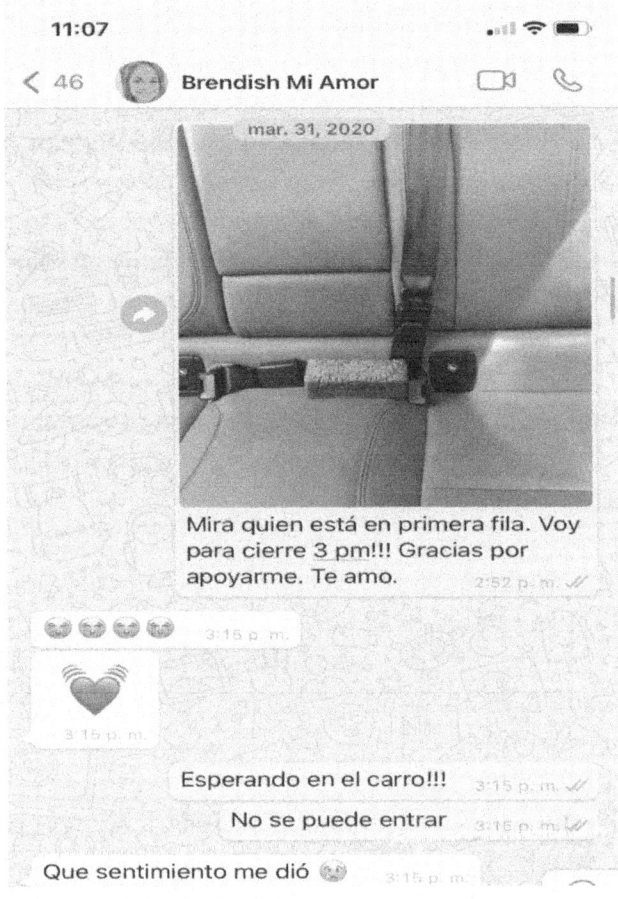

mar. 31, 2020

Mira quien está en primera fila. Voy para cierre 3 pm!!! Gracias por apoyarme. Te amo. 2:52 p. m.

3:16 p. m.

3:15 p. m.

Esperando en el carro!!! 3:15 p. m.

No se puede entrar 3:15 p. m.

Que sentimiento me dió 3:15 p. m.

No imaginas cuanto desearía que mi madre estuviera viva y disfrutara de mi bello hogar. En esos momentos de tanta felicidad recordaba cuando me despedí de ella.

Mi hermana Bebé me llamó y me dijo que pensaba era el momento para que mi hermana Yasmin y yo viajáramos para Puerto Rico. *Toda la vida le agradeceré a mi hermana esa llamada.* Cuando llegué a verla no estaba preparada. La vi tan delgada. Tres meses antes había viajado a la Florida a la presentación de mi primer libro en el 2006.

En tres meses había bajado de peso considerablemente. Ella que era una mujer con un cuerpo tan bello y voluptuoso. Cuando me vio se alegró mucho. Me miró y comenzó a llorar de felicidad. O no se si de tristeza porque sabía se iba. *Entonces la abracé y resistí mis lágrimas, para intentar darle las fuerzas que no tenía.* Salí a respirar aire y a dejar salir las lágrimas que no me dejaban ver todos mis cuadros de artículos de prensa, enmarcados por toda la casa.

Mi entonces cuñado Carlos Miolán, quien es como mi hermano, me recogió justo cuando me iba a desplomar en el piso. Lloramos juntos.

Esa última noche la cuidé. Recuerdo que me dijo: "Mañana nos vamos de *shopping*". Positiva y alegre hasta el final de sus días, mientras no me quería dar cuenta, estaba agonizando. Como me dijo mi hermana Nadine en el hospital al otro día.

Anhelaba que estuviera en mi casa. De repente recordé que ella está en mí siempre. Que en su enfermedad en la que le dieron una prognosis de vida de tres meses y vivió tres años, no hubo un día que se quejara. Al contrario, aunque tuviese dolor, se levantaba, se vestía y maquillaba hermosa y me llamaba. Todas las mañanas me decía esta frase:

"Hija querida, vamos a pasarla bien".

Eso haría yo, pasarla bien en mi nuevo hogar en honor a ella. A mi bella madre… Norma Rivera.

No hay nada como amar intensamente.
Como si no hubiese mañana.

Yo vivo y amo con sentido de urgencia. Hazlo. Para que no se te quede por sentir y decir nada a quien amas. Soy una mujer intensa.

Ya mi madre no está a mi lado, pero es mi inspiración cada día de mi vida.

Justo ese día de mi cierre, hicieron un *lockdown* en Florida Central por la pandemia. Por lo que fue un reto poder mudarme. No podía contratar a las compañías de mudanza pues estaba prohibido conducir. Así les dije a mis clientes que son como mi familia, y que siempre están dispuesto a apoyarme, Vilmarie y su esposo Jonathan. Una joven familia que lograron comprar su casa a través del programa Pasitos conmigo. Ambos juntos a Frank, en tres viajes lograron mudar todo en un día. Yo había alquilado un *storage*, tal como me recomendara Frank, y había ido comprando poco a poco muchas cosas hermosas para mi casa.

La decoré parecido a la casa modelo con tonos distintivos azul royal, como la reina que soy.

Llevamos todo eso a la casa. Lo demás tuve que ingeniármelas para comprarlo *online* pues las tiendas estaban cerradas. Mi meta era tener mi casa preciosa y lista para invitar a mi familia que vive en la Florida, mi hermana Yasmin y sus hijos y nietos. Quería sorprenderlos con una casa que sería para ellos también.

Entonces me tardé varios meses en tenerla lista. Para el cumpleaños de mi sobrina Yanina en junio del 2020 los invité. Pero les dije que era una villa que había alquilado cerca de Disney. Como era algo que acostumbraba a hacer para reunirnos todos pues éramos en total más de 10, me creyeron. Llegaron y yo tenía decorado todo estilo hawaiano para celebrar el cumpleaños de mi sobrina Yanina.

Cuando entraron mi sobrina Yanina y mi hermana Yasmin, e identificaron que era mi casa comenzaron a llorar. Mis sobrinos John John y Yancarlo se emocionaron mucho. Supieron que era mi casa cuando vieron las fotos de toda la familia. Ambos me decían:

"Titi Vio estamos bien orgullosos de ti".

Lo había logrado sola y con Dios. Gracias a todas las familias que confiaron en mí.

Los hijos de mis sobrinos quedaron fascinados cuando vieron su habitación con decoración de *Mickey* y *Minnie*. Había juguetes para todos. Les tenía hasta pantuflas para cada uno.

Les encantaron los muebles que compré como los del
cine que me encanta. Reclinables y que dan masaje y
calientan. En fin, fue uno de los días más felices de mi
vida. Poder compartir con ellos la casa que soñaba tener
para poder recibirlos.

Usamos el *barbecue*, se enamoraron de mi espectacular
vista. Disfrutamos la piscina. Vimos películas. Le
preparé mis famosos desayunos tipo continental como
los que ofrecen en los hoteles, que tanto ellos adoran.
Me sentí feliz de tenerlos conmigo.

Mi sobrino Nandito vio un video que le envié a su
madre Brenda en el que le mostraba la habitación a
Bella, la hija de mi sobrino Yancarlo y comenzó a
llorar. Decía que esa era su habitación y que ellos eran
los primeros que debían ver mi casa. Mi sobrino
Yancarlo tuvo que hablar con él para explicarle que la

habitación tenía una parte para las niñas y otra para los niños y que también era de él.

Mauro, el otro hijo de mi hermano Tito, llevaba todo este tiempo con una maleta lista con malta India, *pop corn*, traje de baño y unos juguetes, añorando por venir a visitarme. Nandito me dijo el otro día: "Titi nosotros lloramos casi todos los días porque queremos ir a verte". Mauro el otro día me dejó un mensaje mientras estaba de compras en Millenia Mall que me sacó las lágrimas: *"Titi Vio yo te amo, quisiera estar en tu casa"*.

Esta pandemia me ha dolido tanto. Sobre todo, por no poder tener cerca lo que más quiero.

Mi hermano Tito y Brenda me enviaban las fotos de Mauro vestido con traje de baño y con su back pack listo para viajar.

Vionette Pietri

Brendaliz Montalvo
Te amo mucho💙 Gracias me haces honor
con tu palabras. Vivo para servirle lo mejor
de mi a mis amados. Mauricio aquí a mi lado
me escuchó leer tu mensaje y dijo: " que
que queee to también me quiero mudar
para FL" jajaja gracias! Un abrazote

11 h   Me divierte   Responder   1 😊

Vionette Pietri
Brendaliz Montalvo en serio??? Mauro
dijo eso? Oh my God! Eso tiene que ir
en el libro. Gracias mi amor eres una
bendición para nuestra familia. Te
adoro.

Entonces un día me llama Mauro y me dice: "Titi Vio
por el coronavirus no podemos viajar, pero es muy
sencillo que vengas a vernos. Te bajas del avión haces
una derecha y llegas a mi casa". Me estuve riendo tanto.
Esa inocencia. Ese amor tan grande.

Hace podo me dijo: "Nadie me entiende titi Vio. Les
digo que es muy fácil viajar a verte. Nos ponemos una
mascarilla y nos montamos en el avión y ya".

El otro día le dije: ¡Ay, Mauro es que no puedo quererte
más! Me impresionó su respuesta:

"Yo sí puedo quererte más titi Vio".

Cuando fui a visitarlos vi la maleta, la misma que
colocó frente al vehículo que había alquilado el día que
me iba de regreso a la Florida. Porque según él y su
hermano Nandito, ambos se iban conmigo, ¡Ya quisiera
yo! Mi hermano Tito escribió en el chat de la familia un

mensaje que me hizo tan feliz.

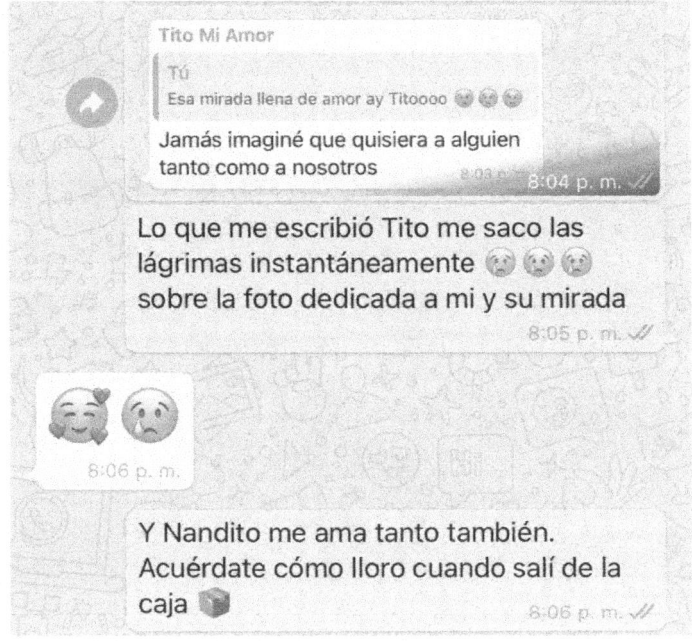

Mi hermano Tito hace cosas tan especiales por mí.
Cosas que no tienen precio y un significado en el alma
invaluable. El otro día me envió unas fotos que me
hicieron llorar. Era Mauro en la cuesta donde vivía mi
abuela Virginia, y frente a la casa donde viví con ella
desde los 14 años. Otra comiendo las acerolas que mi
abuela preparaba en el mejor dulce que he probado en
mi vida. Me emocioné tanto que el compartiera parte
esencial de mi vida con Mauro. Aquí les comparto las
fotos.

Nadie me Quita mi Corona

eres conmigo   12:05 p. m. ✓✓

12:05 p. m.

Recuerdas cuando buscamos acerolas

Tengo una gran influencia en Mauro. De hecho, acostumbran a negociar con Mauro a través de mí. Mi bella hermana Normita me dijo el otro día te voy a enviar dos fotos de Mauro. La que está serio no se la quería tomar. La que está sonriendo le dije que era para Titi Vio.

Así mismo Myrna Lee, otra de mis hermanas, recientemente me llamó en plena fiesta en Puerto Rico para que yo le pidiera a Mauro una foto con ella, pues no quería tomársela. Maña, la madre de Myrna Lee, me dijo el otro día en una fiesta familiar con Fernan, una historia que desconocía: "Ese nene te adora. El otro día en un evento no quería comer y le dijeron que titi Vio quería que comiera y se lo comió todo".   Que me amen tanto aún a distancia, me hace muy feliz.

119   Nadie me Quita mi Corona

En uno de sus viajes a la Florida, mi sobrino Nandito quiso quedarse conmigo desde que llegó. Recuerdo les dijo a sus padres: "Me voy a quedar con titi Vio una semana". Mi hermano le preguntaba incrédulo: "¿Pero Nandito de verdad te vas a quedar?

Luego mi hermana Nadine me dijo que Nandito nunca se había quedado con nadie. Entonces se quedó unos días conmigo. Saliendo de Crayola le digo: "Mi amor te voy a llevar al hotel donde están tus padres". Me dio risa cuando me dijo: "Titi vio tan feliz que yo estaba. ¡Se me quitó la felicidad! ".

Ambos les dijeron a sus padres que preferían quedarse conmigo que viajar a las Vegas. Soy la tía más afortunada de este mundo. Ambos hasta planificaban lo que les iba a cocinar.

Me envió mi hermano un video de Mauro camino a abordar el avión gritando de la emoción por venir a verme.

¡Pasé dos semanas de ensueño con mi hermano Tito y su familia! Finalmente me visitaron. Preferí no viajar con ellos a nuestras vacaciones a las Vegas, y quedarme con los nenes. Realicé durante esa semana que los cuidé el "campamento de Titi Vio," con actividades y regalos diarios. Nos divertimos mucho y recibí tanto amor que quedé con muchas energías para seguir trabajando fuerte. Vino parte de mi familia que vive en la Florida y se quedaron todos en mi hogar como tanto soñaba. La pasamos espectacular. Estuvimos compartiendo en la fiesta de las hijas de nuestro hermano Fernan. Allí mi hermano Tito bailó muchísimo pues es muy alegre.

Lo puse a prueba. Le dolían los pies de tanto bailar y hasta se quitó los zapatos. Al rato le digo: "Ay Tito baila conmigo mi canción preferida de Romeo Santos". (Propuesta Indecente) Pensé se negaría y aun así bailó conmigo como un trompo mientras Brenda nos grababa. Un sacrificio de amor. Estuvo desde que llegó a la Florida, conduciendo mi carro nuevo enamorado totalmente. Brenda me preparó unos bizcochos deliciosos con los que con gusto engordé varias libras que luego bajé con la rutina de JLO en las montañas de arena que les mencioné.

Vionette Pietri está con Brendaliz Montalvo.
4 días · 🌐

Cuando la vida te regala una hermana. Gracias Drendish por tantos detalles, regalos, ricos bizcochos y sobretodo amor. 💜

Les agradezco a ambos, Tito y Brenda que me reciban en su hogar con tanto amor. A mi hermano que pelee siempre con todos, (y se las ingenie) por que esté la mayor parte del tiempo con ellos en mis viajes a Puerto Rico.

Decidí visitarlos y me fui a pasar por segundo año consecutivo las Navidades en Puerto Rico. El año anterior lo planificaron mis hermanos Tito y Nadine. En otros años mi hermana Bebé era la que planificaba mis viajes.

A Brenda se le ocurrió que me escondiera en una caja que dijera sus nombres y su dirección. Llegaron ellos a su casa. Mauro y Nandito acostumbrados a que le enviara cajas de regalos se acercaron curiosos.

Mauro abrió la caja y cuando me vio salir se impresionó. Nandito comenzó a llorar. Fue uno de esos momentos tan felices en mi vida que le doy gracias a Dios por tener la familia que tengo.

VÍSPERA DE AÑO NUEVO
2020 – 2021

Vionette Pietri

Estando unos días en su casa coincidió con el sábado que hago mi *facebook live*. Mi asistente me dijo que tenía que hacerlo. Le dije que estaba con los nenes. "Precisamente haz un programa refrescante. Como la mujer real y familiar que eres. A la gente le encanta verte tal y como eres". Sus ideas son súper creativas.

Todos se arreglaron en cuestión de minutos. Se pusieron gorras y camisas alusivas a *Disney*. En el *Facebook live* más divertido de mi vida, estuvieron conmigo mis sobrinos Mauro, Nandito y Javito.

Decidí hablar con ellos y preguntarles que les gustaba de la Florida. Nandito hablaba de lo mucho que disfrutaba ir a Disney, estar conmigo. Javito de los *outlets*, ir a los parques y ver a la familia.

Por su parte, Mauro, con su inocencia, cada vez que le preguntaba algo sobre la Florida decía: "¡Porque en Nueva York! y contaba una anécdota. Pues viajamos todos y vivimos una gran aventura en Nueva York previo a la pandemia. Les cuento que fue uno de los *Facebook live* que más han visto, casi superado por el primero que hice con más de 5,000 personas que lo vieron. Este lo vieron más de 4,000 personas. Salieron muchos clientes de allí. Me llamaban como locos en el aeropuerto. Mi asistente es un genio y mis sobrinos lo mejor de mi vida.

A mi asistente también se le ocurrió que realizara otro *facebook live* el día que me correspondía estar con mi padre. Se escuchaban los coquíes de fondo. Fue muy emotivo y también miles de personas lo vieron.

Mi historia con mi padre es la más hermosa. Desde niña me llevaba serenatas, me regalaba flores, me escribía poemas. Siempre estuvo al pendiente de nosotros a pesar de que se divorció de mi madre cuando tenía 4 años. Llegaba a cualquier lugar que estuviéramos. ¡Así fuese de camping, nos encontraba entre cientos de casetas de campaña! No he conocido un mejor padre que él. Le doy gracias a Dios y a mi madre, por el regalo de que sea mi padre. Su esposa Alida, por su parte siempre me compraba los utensilios de la escuela y se desvive cada vez que voy a su casa en atenderme bien. Estoy deseosa de que puedan visitarme, pues por la pandemia no he podido traerlos, aunque he querido.

En uno de mis viajes a Puerto Rico quise darle un regalo especial a Mauro. Contraté a Janfra D'Armas, un reconocido director de teatro de San German. Planificamos todo. Hice hasta un libreto de la presentación del joven artista. Mi hermana Nadine fue con mi sobrino Javito. Todos se vistieron bellos para la sorpresa. Como era Navidad pensaban que la sorpresa era *Santa Claus*. Como una vez lo hice con otra generación de sobrinos. A la hora acordada tocaron a la puerta. Era Miguel, el personaje de la película *Coco*. Abrí la puerta y preguntó por Mauro. La mirada de asombro y de felicidad de Mauro nunca la olvido.

Estaba fascinado. Se pasaba horas ensayando frente a la familia, con las botas puestas y una guitarra para cantar precisamente las canciones que le pedí le cantaran ese día.

Mauro buscó su guitarra y cantó junto a Miguel una canción. Tito y Brenda estaban llorando de la emoción, y yo también. Nadine, Nandito y Javito estaban muy emocionados. Miguel se tomó fotos con todos y le dijo a Mauro que siguiera cantando. Ese día fue tan inolvidable para todos. Mucho más porque ambos me pidieron que bautizara a sus dos hijos con agua bendita.

Un día Brenda me escribió un mensaje que le pedí permiso publicarlo. Uno de los más bellos que he recibido.

ene. 14, 2020

Vioo
Acabo de leer lo que escribistes de mi pequeño artista y músico 🖤 🖤 🖤 me encanta y retomé ese momento el cual viví con mucha emoción la alegría de mis hijos en especial Mauro. Gracias por tu esmero siempre de hacerlos felices. Tito en estos dias me dijo yo creo que Nandito cuando sea grande va a vivir con Vio. Y yo lo miro y le dije nooo el se queda conmigo😄 me salió del alma decirlo. Pero pensando siendo conciente lo resñonsable que eres no dudaria en haceptarlo si el así lo decide. Pero Tito me dijo cuando sea grande 😊😇😊. Gracias una vez más por ser siempre esmerarte en ser la mejor Titi para ellos y no son las cosas materiales sino de la manera en que los tratar y te preocupas por ellos. Love u😢

12:09 p. m.

Afortunadamente también recibí la visita de mi muñeca, mi ahijada Raisa junto a su esposo Jacinto, y sus bellos hijos, Osky, Laiah, Naiah y mi mini ahijadita Mia Valentina. La tuve por 5 años en Florida cerca de mí. Cuando me dijo que se iba para Virginia por la carrera militar de su esposo lloré mucho. Pero entendí que es una mujer y que tiene una familia que cuidar. Pues ella es puro amor en mi ser. La pasamos espectacular. Demasiado amor en mi hogar. Convencí a mi hermana Nadine para que viajara un fin de semana para compartir todos. Como también mi sobrino John, junto a sus hijos se quedaron con nosotros.

Por fin mi casa llena del amor de mi familia. Luego de esperar tanto estos momentos retrasados por la pandemia. Hacía varios años que no veía a mi ahijada, pues la última vez que nos vimos fue en la base militar donde vive en Virginia. Así que imaginarás cuanto extrañaba verlos.

Mi mini ahijadita Mia Valentina es la hija de mi ahijada Raisa. Mi ahijada nunca quiso que tuviera otro ahijado cuando era niña, y ahora tengo el privilegio de ser también la madrina de una de sus hijas. Compartir tiempo con ella ha sido mágico. Ella es pura ternura y amor. Una niña preciosa que adoro. También pude conocer a la beba de la familia, una niña preciosa que se llama Naiah Catalia. Con ella bailaba todas las mañanas por las dos semanas que estuvieron conmigo la canción *Imaginarme sin Ti*, de Elvis Crespo y Manny Cruz. Me gusta levantarme bailando, contenta, para comenzar el día feliz. Te invito a que lo hagas tú también.

La pasamos espectacular, disfrutamos en la piscina, fuimos a los restaurantes que mi ahijada quería, vimos películas, jugué con los nenes que todos los días recibían regalos. En fin, como un día me dijo Mauro en un mensaje cuando todavía iba para las Vegas, todas las mañanas les decía a los nenes antes de darles sus regalos: *"¿Están ready para las Vegas?"*

En fin, que ahora se ha convertido en un decir de la familia esa frase, como presagio de cosas buenas.

El día que se iban, Laiah fue a despedirse de mí, y al verme llorar no se podía mover. Sentí su amor y compasión. Igual le paso a Osky. Ambos fueron a decirles a Raisa y a su esposo Jacinto que yo estaba llorando. Entonces les tocó el turno a ellos y tampoco encontraban como despedirse.

Luego de llorar por su partida, pensé que realmente debería estar feliz. Por eso, agradecí tanto a Dios el haberlos tenido, pues su amor me da fuerzas y energías para seguir adelante y triunfar.

Doy gracias a la vida y a Dios por mi familia.

Mi vida se trata de momentos.

Siempre digo que *sin mis sobrinos no fuera quien soy*. Me he disfrutado todas las generaciones. En cada libro que publico les comparto historias.

Es un regalo de vida ser la tía preferida de casi todos mis sobrinos y poder tener mi bello hogar para recibirlos. Como también, varias villas vacacionales para disfrutar mi paraíso en República Dominicana junto a mi familia.

Mi título preferido: Titi Vio.

UNA REINA NECESITA SU CASTILLO

Vionette Pietri

Una Reina Crea su Imperio

¿Cómo recoger un corazón en pedazos y ponerlo, fuerte, productivo y feliz? Esa es mi especialidad. Les cuento que posterior a que terminara mi relación con mi ex, tuve que verlo para cumplir un compromiso que teníamos en Telemundo para una serie noticiosa de tráfico humano que yo escribí y que el protagonizó. Ese día me dijo unas palabras que me impactaron:

"Gracias a mi vas a ser millonaria".

Lo miré sorprendida y le dije;" ¿Estás loco?, yo me mato trabajando. ¿Por qué lo dices?". Me respondió:

"Porque me dejaste".

Entonces recordé las palabras de mi mejor amigo Frank:

"Tienes una capacidad de sobreponerte extraordinaria. Eres una máquina de hacer dinero".

Quiero decirte algo muy importante. Cuando decidas de verdad salir adelante, demostrar la capacidad que tienes para triunfar, generar ingresos ilimitados, debes emprender tu propia empresa. Invertir inteligentemente. Con un salario no es suficiente.

Te recomiendo que sigas estos pasos que me han funcionado a mí.

#1 Poner tus proyectos en manos de Dios.
2 Planificar tu proyecto.

3 Tocar puertas de las personas que te van a ayudar.

#4 Formar el equipo indicado.

#5: Poner tus talentos y dones al servicio de otros.

6: Sobre todo, tienes que creer en ti, en tu proyecto con todas tus fuerzas.

#7: Hacer las cosas con el corazón y trabajar intensamente.

#8: Además, debes preparar un plan estratégico. Posicionar tu "Brand," tu marca.

#9 Sobre todo, debes tener la capacidad de sobreponerte a los conflictos que puedan acontecer. La firmeza de seguir enfocada y tras la meta. *No matter what!*

#10: Divertirte en el proceso

Recuerdo que hace poco conversaba con mi cuñada Brenda y le decía que ella tiene un don como repostera desde adolescente. Entonces al volver a sus raíces ha tenido un éxito arrollador. Porque es uno de sus dones. Te invito a que busques en *Facebook*, *Brendis Home Cake*.

Cuando pones tus dones y talentos al servicio de otros, acontecen cosas grandiosas en tu vida.

Por eso te corresponde identificar cuáles son tus dones. A veces lo sabemos, pero estamos en una zona de comodidad o no nos atrevemos a utilizarlos. Pensamos que es tarde ya. Nos dejamos influenciar por lo que puedan pensar los demás. O tal vez porque no confiamos lo suficiente en nosotros mismos.

Mis hermanos siempre reconocen algo muy importante

para todos nosotros. Suelen decir: *"Somos los hijos de Norma"*. Decimos eso porque todos logramos nuestras metas, en gran medida, por la forma en que ella nos enseñó a vivir. Nos decía:

"Utilicen su belleza, talentos e intelecto".

"Véndete como lo que eres, lo mejor".

"Tu mejor carta de presentación eres tú misma."

Eran algunas de sus frases que siempre recuerdo. Mi madre nos enseñó lo importante de creer en nosotros mismos y de tener nuestra autoestima fortalecida. Siempre decía:

"Las mujeres lo podemos lograr todo".

Mi padre por su parte ha sido clave para que desarrollara tanta confianza en mí misma. Tiene tanta fe en mí. Siempre hace bromas para hacerme sonreír. Me acompañaba en las interminables horas que conducía vendiendo propiedades en la Florida. Siempre me dice lo orgulloso que está de mí.

De cómo me las ingenio para ganar dinero mientras ayudo a otros. Pues además de trabajar bienes raíces, también trabajo el Centro Comunitario de la Fundación Baila Corazón. Realizo divorcios y establezco empresas en menos de dos horas, mientras mis clientes esperan.. Como también edito libros en una semana. Previo a la pandemia, y por más de una década, también ofrecíamos clases de teatro, *belly dance*, campamentos artísticos, obras de teatro y conferencias.

Mi padre siempre está pendiente de mi bienestar. Un día me dijo, hace varios años: "Yo estoy tranquilo contigo", Le pregunté por qué lo decía. Me respondió,

¨Porque se vas a ser millonaria¨.

También sé que siempre vas a ayudar a otros. Y eso me hace feliz¨. Mi poeta preferido. Lo invito a que visiten su página en *Facebook* bajo *Tony Pietri, Poeta de Puerto Rico*. Iniciativa de mi asistente que a mi padre le ha hecho muy feliz.

Para llegar a donde quieres, si tienes que estudiar una nueva carrera ¡hazlo! Si tienes que asociarte con alguien que te pueda ayudar ¡hazlo! Si tienes que arriesgarte para invertir, ¡hazlo!

Lo que NO puedes hacer es conformarte con poco.

Vivir de cheque a cheque. No trabajes proyectos que no generen ingresos.

Una reina nació para vivir en abundancia, no en escasez.

Más adelante les comparto cómo puedes comenzar a crear tu propia fortuna al invertir en bienes raíces.

¡Riqueza chicas, es lo que merecemos!

Yo vivo orgullosa de mis sobrinos. El otro día

conversaba con Franco, quien cuando pequeño tenía 12 fotos mías por toda su habitación. Hasta se deprimía si no me veía y mi hermana Bebé lo enviaba a la Florida para que estuviese tiempo conmigo. Ya es todo un hombre. Me cuesta creer lo enfocado y maduro que es. Pronto se gradúa como enfermero. A sus 22 años ya tiene una propiedad y tiene ahorros como si tuviera 40 años. Ayuda a administrar la empresa de su padre, mi amado Rubén Borrero, con mucho éxito. Aparte de tener su propia carrera y querer especializarse, tiene una visión empresarial heredada de sus padres. Recuerdo cuando me llamó para preguntarme lo que debía decir en su primera entrevista. Comenzó llevando carritos y llegó a escalar mejores posiciones y a ser #1 en ventas a nivel nacional.

El empuje que tengamos depende tanto de nosotros. Él no se conforma con lo que estudió. Por eso va a ser muy exitoso.

Mi otro sobrino Fernando José es también un joven empresario de 28 años. Su padre falleció muy joven y decidió mudarse a la Florida y hacer una carrera como chef en una de las mejores instituciones culinarias, *Cordon Bleu.* El primer mes de ese proceso lo vivimos juntos. Regresó a Puerto Rico y junto a su esposa Karina, han desarrollado tres negocios exitosos.

Uno de ellos es la *Calaca Restaurant,* ubicado en la plaza de Cabo Rojo. Otro es el *food truck La Katrina,* localizado en Mayaguez. Fernando, a su corta edad, se ha posicionado en los medios como un *influencer* en gastronomía. Cuando lo vayan a visitar díganle que van de parte de titi Vio.

Ambos tienen menos de 30 años. Pero se atrevieron a emprender. Estoy segura de que van a tener una vida llena de riqueza y estabilidad. Porque algo muy importante que poseen, es ese *fuego*, esos deseos de trabajar con intensidad.

Yo he entendido que para lograr mis metas tengo que trabajar intensamente. *No detenerme hasta ver resultados.* Así fue en el proceso de las ventas en Punta Cana que les comparto más adelante. Al cabo del mes de tantas ventas me agoté. ¡Sentía que necesitaba unas vacaciones! Tanto mi asistente como yo, nos desconectamos varios días para recargar energías. Luego seguí.

Porque cuando vas camino al éxito no puedes bajar la intensidad.

No puedes quejarte. Tienes que trabajar. Punto.

Mi socio Carlos me decía el otro día: "Eres muy ingeniosa. Eso te ayuda a posicionarte". Usa tu ingenio. Trabaja tan fuerte como puedas. Si realizas esfuerzos extraordinarios, veras resultados extraordinarios.

Recuerdo que en el reconocimiento de la Asociación de *Realtors* coincidí con dos colegas amigos. Una pareja de amigos que también trabajan en el campo de bienes raíces. Cuando les contaba sobre mi experiencia en República Dominicana sobre expandir mi empresa de bienes raíces allá, ella me dijo: Yo he pensado en hacer eso también. El esposo le respondió: **"Algunos dicen, otros hacen"**.

Es definitivo que para ver resultados tienes que HACER, no solamente decir. Implementar y ejecutar el plan.

Hacer consiste en preparar un plan estratégico. Yo trabajo todas mis empresas con estrategias a corto y a largo plazo. Cada cierto tiempo trato de idear una nueva estrategia. Un nuevo "slogan," nuevas fotos empresariales, nueva imagen.

Para eso compro ropa de ciertos colores, creo campañas publicitarias agresivas junto a mi asistente, entre otras cosas. Todo lo estructuro.

Eso me acuerda cuando obtuve empleo como Superintendente de instituciones Correccionales en el Departamento de Corrección en Puerto Rico. Mi padre alarmado porque pensaba era para trabajar en oficinas, y era dirigiendo una cárcel de más de 750 confinados. Que al final fue la que elegí, pues querían dirigiera la institución de mujeres. Recuerdo dos consejos sabios que recibí de dos de las personas que más amo. Mi madre y mi excuñado, quien era mi mejor amigo, Rubén Borrero. Mi madre me dijo:

"Hija querida vas a dirigir una cárcel. Vas a trabajar en un mundo de hombres. Imagina que estás en una selva y que tú eres la leona".

Por eso siempre digo una frase, que sin intención de minimizar a nadie me recuerda este consejo de mi madre: *"Que se preparen las gatitas, que aquí viene la leona".*

¡A rugir leona! Como me dice mi amiga Yazmin Penagos. Fue un reto ese trabajo. Luego de esa posición, cualquier trabajo es sencillo para mí. Puso a prueba mi carácter y mi valentía. ¡Curioso que una mujer que le tiene miedo a las hormigas, no tenía miedo de dirigir una cárcel! De hecho, es uno de los trabajos que más atesoro. Aprendí muchas cosas, lo importante de la libertad. Como también que la vida es un instante. Luego de haber sobrevivido motines y tantas aventuras. Logré auditorias excelentes y me convertí en una leyenda con mi forma innovadora de dirigir.

Como siempre he tenido un cuerpo tan voluptuoso le dije a Rubén que no sabía cómo vestirme para la cárcel. Me dijo: *"Vio vístete con un pantalón y una chaqueta color negro, para que te respeten"*.

Mi historia con Rubén es de total agradecimiento pues me protegía en tiempos que vivía maltrato. Entre muchas cosas más que le agradeceré toda la vida.

Aquí con los confinados en una de las instituciones correccionales en Las Cucharas en Ponce, Puerto Rico, junto al capellán.

Es definitivo que el éxito no llega al azar. Hay que planificarlo.

En fin, mantener mi mente creativa me energiza. Me lleva a alcanzar grandes conquistas.

Como también estar preparada para los reveses. Quiere decir que no todo va a salir bien cuando emprendas cualquier proyecto.

Es importante desarrollar la capacidad de "discernir" cuando insistir, y reconocer cuando un proyecto no es costo efectivo.

Porque muchas veces las personas se desaniman porque según ellos si hay algún escollo en el camino son señales para no seguir.

Estoy convencida de que en muchas ocasiones no son señales para que no hagas algo, son pruebas que hay que sobrepasar.

Les repito: *La capacidad que tienes de sobreponerte a los conflictos es lo que verdaderamente te va a llevar a triunfar o a fracasar. Porque no es la situación, es como reaccionas ente ella.*

¿Qué alternativas buscas para salir adelante en tiempos de crisis?

Por ejemplo, la situación de bienes raíces en la Florida cambió de la noche a la mañana drásticamente. De repente, luego de tantas ventas, no poder ayudar a mis clientes era frustrante. Tenía dos opciones: Sentarme a ver cómo me deprimía, o buscar una nueva opción.

Comprar un pasaje y lanzarme a la aventura de convertirme en *realtor internacional* fue una locura, y a la vez, la mejor decisión de mi vida en mi carrera como agente de bienes raíces.

Por eso es importante que te atrevas a hacer cosas que tal vez ni sepas cómo van a funcionar. Pero cuando lo haces con pasión, con fe inquebrantable, cuando das el ejemplo, cuando hablas con la verdad, cuando tienes ese *fuego*:

CONTAGIAS.

Las personas creen en ti porque saben eres real. Se identifican. En ocasiones, para los *Facebook live* o para mis videos me visto hermosa, con un traje tropical, evocando las bellas playas de Punta Cana. Otras me maquillo y visto bella. Pero en otras, estoy sin maquillaje vestida con mi "outfit" de ejercicios porque no soy una mujer perfecta, soy una mujer real.

Mi asistente me dice: "Hoy vístete deportiva, refrescante". Otro día me dice: "Vístete ejecutiva". Me toma videos hasta haciendo ejercicios. El último fue subiendo una montaña de arena, con un mensaje motivador. Como también, grabamos en escenarios en exteriores espectaculares.

No solamente en el estudio de grabación que implementó en mi casa. En fin, estrategias innovadoras para llamar la atención de mis potenciales clientes.

Soy una empresaria con tantos deseos de triunfar y de ver a otros triunfar, que, gracias a Dios, recibo el apoyo de muchos que me ven y me siguen.

Estoy creando mi propio imperio. Comenzando precisamente con el de bienes raíces. Tengo como meta ayudar a otras mujeres a que también creen su imperio como inversionistas en bienes raíces.

Ha sido un honor para mí ser denominada por los

medios como *real estate influencer*. Me ha posicionado a otro nivel.

Mis clientes saben que me educo, que soy honesta. Eso les da paz y confianza. Aunque confieso soy una *realtor* agresiva y bien disciplinada. No todos pueden trabajar conmigo, pero los que lo hacen confirman tienen una gran experiencia.

Mi prima Gisela un día me dijo: "Tengo una amiga que es tu fan, le voy a regalar tu libro, *Diciéndole Adiós al Amor de mi Vida.* Vamos a reunirnos para que se lo entregues autografiado. Así nos reunimos y conocí a Diviana, también colega como Gisela. Una mujer maravillosa. Hicimos las tres un *click* y decidimos reunirnos una vez al mes.

Ellas le pusieron a nuestro compartir precisamente "la reunión de las reinas" Otra causalidad que tiene que ver con este libro.

En nuestras reuniones hemos aprendido tanto unas de otras. Les agradezco a ambas su apoyo, su cariño y que compartan sus brillantes ideas y retos. Como también cuando me dicen: ¡Si no fuera *realtor* te comprara a ti!

Comencé a trabajar sola junto a mi extraordinaria bróker Mery Fernández. Con el tiempo mi equipo de trabajo ha crecido. Tengo un asistente personal a tiempo completo. Contraté un contable quien lleva las nóminas de mis empleados. Edwin Rivera, quien me ayuda a ser más visionaria y exitosa en mis empresas. Le conté de mi inversión en República Dominicana y me dijo era una gran inversión.

Llegué a tener 20 *Marketing Assistant* en la Florida. Como también, mi equipo de trabajo es internacional. De República Dominicana llevo varios años trabajando con mi *Social Media Assistant* y tengo un socio en bienes raíces allá. Mi diseñador gráfico es venezolano y el experto en sitio web, dominicano. Me ha costado mucho llegar donde estoy. Sin embargo, es solo el comienzo, pues falta mucho más por lograr.

Mi presencia en las redes es masiva y estratégica. Tengo 100 publicaciones mensuales. Entre mensajes diarios de motivación, las fotos que comparto sobre mis entrenamientos. Lo que se publica en la página de *realtor*, en los grupos, y lo que se publica en la Fundación Baila Corazón.

Tuve por mucho tiempo un programa radial sobre bienes raíces. También presento *facebook live* los martes y los sábados.

Además, era columnista sobre bienes raíces en *El Sentinel Orlando*, siendo mi columna una de las más leídas. Gracias a la oportunidad de una mentora y amiga, la editora de ese prestigioso periódico, Jenny Ocasio. Como también, en *El Globo News* en Miami. Aparte de los videos semanales que produce mi asistente.

Además, escribo columnas internacionales sobre motivación en *Minuto 30* en Colombia, *La Isla Oeste* en Puerto Rico, la *Revista Tu Mujer* en Florida y en República Dominicana.

He creado un *brand* original, es decir una marca de

prestigio y credibilidad en todas mis facetas. Ahora también como *realtor* internacional.

Aprendí de mi madre a implantar mi sello personal en todo lo que hago.

El otro día asistí a un evento de la prestigiosa organización *Mujer Emprende Latina* en Orlando. Hacía más de un año que no iba a algún evento de la comunidad por la pandemia. Marieangie Rosario, es quien dirige esta entidad en la Florida, que fue quien precisamente escribió el prólogo de mi libro anterior. Dos de las cofundadoras de la organización en Puerto Rico, son dos mujeres brillantes también, Vanessa Marzan, quien me presentara en el lanzamiento de mi libro anterior en Puerto Rico varios años atrás, y Virginia Rivera. Ambas altas ejecutivas en Puerto Rico. Ambas me sorprendieron y me hicieron un gran honor cuando se referían a lo que es ejemplo de ser una latina empresaria exitosa y me mencionaban a mí.

"Cuando Vionette prende su cámara y hace sus *facebook live* presenta un "brand" único. Ella se posiciona porque es diferente". "Me encanta poner como ejemplo a Vionette, porque ella sabe cómo emprender varios proyectos con éxito".

No imaginan lo que aprendo yo de ellas, y el honor que me hacen al colocarme como ejemplo. Porque chicas, si algo nos hace ser grandiosas en la vida y en los negocios, es ser *humilde para aprender.*

Con su autorización les voy a compartir algunos de sus consejos tan valiosos para que triunfes como empresaria.

Recordaba que mi ahijada me decía asombrada por el éxito en República Dominicana, madrina es que hay mujeres que les da miedo a emprender. Entonces cuando escuchaba a Virginia Rivera, me di cuenta de algo muy importante. Tengo más éxito ahora que antes, porque aparte de que he ido creando un imperio con trabajo fuerte, también estoy más pura, más sana, *porque he sanado heridas.* Ella recomienda que, para comenzar un negocio desde cero, debes estar limpia, perdonar, no tener amargura. ¡Fíjate que casi nunca pensamos en eso al emprender un negocio!

Quiere decir tener un corazón listo para lograr tener la independencia económica que sueñas y mereces. Ella mencionaba lo importante de que tengamos el control de nuestras finanzas. Sobre todo, me impactó cuando dijo que para tener éxito como empresarias debemos preservar nuestra *niña interior*. ¡Qué hermoso!

Precisamente, es un tema que toco en este libro con mi gran amiga Yazmin Penagos. Esa sabiduría empresarial me impresionó.

También les preguntó a las asistentes que trataran de recordar lo que querían ser cuando niñas, para que pensaran en cuantos de esos sueños han logrado. Recordé que cuando tenía 6 años le dije a mi hermana mayor Yasmin, que cuando fuese grande seria abogada, "escritoria" (por decir escritora) y bailarina.

Pensando ahora… ¡Logré esos tres sueños! Sin embargo, nunca dije que iba a ser una empresaria exitosa. Porque es un hecho que nunca te dicen cuando eres pequeña: "Vas a ser una gran empresaria". Al contrario, te etiquetan como maestra, doctora, abogada, ama de casa. ¡Pero jamás como empresaria!

Para muchas personas emprender no equivale a un ingreso seguro. Nos educan para ser madres, estudiar una carrera y tener ingresos mensuales fijos. Entonces estamos las mujeres no tradicionales, como yo, que deja una carrera como abogada a un lado, para emprender. *Siendo esa la mejor decisión de mi vida.* Pues es ilimitado el ingreso que puedo alcanzar, utilizando mi potencial y precisamente los conocimientos que adquirí en la carrera que estudié que me dan credibilidad.

Por eso tanto ellas como yo, las animamos a que se atrevan a ir tras ese sueño.

Vanessa Marzán, por su parte, comentaba que *tu valor precisamente radica en lo que te hace única.* Nos decía que identificáramos de qué forma "sexy" podemos mostrar quiénes somos, nuestra marca. Nos invitó a definir nuestra marca personal y profesional. Algo tan importante para definirnos, y presentarnos ante el mundo que queremos conquistar. Nos animó a que creemos un prestigio a través de nuestra marca personal, ya que al hacerlo tendremos mayor retorno. Algo que me encantó de lo que decía era que insistía en que fuéramos *auténticas.* Que no hablemos de lo que no sabemos.

Recomendó nos especializáramos en lo que sabemos hacer bien. Por ejemplo, estoy especializada en ayudar a primeros compradores a adquirir su hogar, y en relocalizar familias en la Florida. Como también, a ser mentora de inversionistas en bienes raíces en la Florida y en República Dominicana. Esos son mis nichos. Encuentra los tuyos.

Recordaba cuando mi asistente Javier me dice a cada rato: "Repetición es clave para que las personas te recuerden". Eso mismo dijo Vanessa. Repetir lo que propones en tu proyecto en videos de calidad. Agradecí a mi asistente me hiciera comprar un excelente equipo en el estudio que trabajo desde mi casa. Vanesa mencionada que un video de calidad equivale a que las personas piensen van a recibir un servicio de calidad también. Eso es profesionalismo. Recomendó y estoy de acuerdo, en que tienes que invertir para ver ganancias y resultados. Cuando decidí pagar a tiempo completo un asistente fue un reto. Sin embargo, ha redundado en mayores ganancias. Finalmente, mencionó lo importante de incluir quién eres, tus pasiones, tu educación, tus premios, para que las personas conozcan quién eres y tus logros.

Le decía yo a mi amiga Yazmin Penagos, quien me acompañaba, en el evento y le da vergüenza compartir sus logros:

"Si no te vendes, no te compran".

Mi madre solía decirme siempre desde niña:

"Hija querida, véndete como lo máximo. Porque eso es lo que eres".

Es definitivo que he trabajado bien fuerte. Entonces el otro día cuando recibo mi 1099, me doy cuenta de que en un año en plena pandemia había duplicado exactamente mis ingresos. Me comuniqué con mi contable sorprendida. Es cierto lo que decía mi madre:

"Las mujeres lo podemos lograr todo."

Fue un reto lograrlo pues al estar en pandemia hubo un mes completo que no se podía ni mostrar propiedades. Luego me enfermé con la tos que les dije como por un mes y medio. Entonces recordé que el año anterior, el día antes de mi viaje para Puerto Rico en las Navidades, llené mi escritorio con 18 contratos de propiedades. Las que tendrían cierre en el siguiente año. Le agradezco tanto a mi amiga y mentora Janet que me haya presentado a mí también amiga, Heather Castro, con quien hice un *"team"* espectacular en la venta de propiedades nuevas. ¡Vendimos una comunidad casi completa! Como también hice un tremendo equipo con Meyleen Acat, una vendedora extraordinaria que se desvive por los clientes, de quien aprendo muchísimo.

Este año 2021, ha sido otro reto en bienes raíces. Me atrevería a decir más difícil que el anterior. Entre la escasez de materiales como la madera, las ventanas, algunas compañías constructoras han dejado de vender por meses.

O simplemente hay listas de espera de clientes que están aprobados. Tengo algunos aprobados ahora mismo hasta más de medio millón de dólares y no hay inventario. Me sentí desesperada pues no estoy de acuerdo con que mi cliente pague más del valor en el mercado para una

Me sentí desesperada pues no estoy de acuerdo con que mi cliente pague más del valor en el mercado para una propiedad.

Entonces me dije: "Tengo que hacer algo diferente. Como siempre".

Llevaba varios años trabajando un proyecto internacional que era uno de mis sueños. Un día la ingeniera, amiga y mentora, Gianni Liranzo, me pide que sea su socia en un proyecto para vender propiedades en República Dominicana. Coincide con el lanzamiento de mi cuarto libro. Viajo para su país para la gira de mi libro y para ir a ver las propiedades que promoveríamos. Luego de eso, ella tuvo ciertas situaciones personales, llegó la pandemia y todo quedó en nada. A mí siempre me gusta terminar lo que empiezo.

Entonces puse en oración mi proyecto. De repente comencé a ver propiedades en República Dominicana, y a ver los rostros de los agentes de bienes raíces. Ya había hecho algunos contactos y hasta participado de *zoom*, pero no hacia ese *click*. Entonces vi una publicación de un agente. Se llama Carlos González y trabaja con una compañía muy prestigiosa que también está en Estados Unidos. Le escribí y me respondió con un mensaje de voz inmediatamente. Me inspiró confianza. Le dije que estaba interesada en adquirir una propiedad allá y que viajaría en varias semanas.

Así planificamos, me monté en un avión y llegué a uno de los países que más amo. La semana anterior mientras cenaba con mi amiga y mentora Janet, le comentaba sobre mi plan de viajar a Republica Dominicana a comprar mi apartamento. Me sorprendí cuando me dijo: "Me voy contigo". Al otro día me llamó temprano y me dio los datos de su tarjeta para que comprara su pasaje.

Así nos fuimos a una aventura que cambió mi vida y dio el inicio a mi carrera como *realtor* internacional.

Carlos nos recibió en el aeropuerto muy profesional y amable. Los invité a ambos a almorzar. Entonces planificamos lo que haríamos en esos días. Nos llevó a la constructora y a su oficina. Donde conocimos su bróker, un americano muy atento. Luego fuimos a ver otras comunidades. Al otro día fuimos a firmar contrato.

Mientras estaba en la oficina varias horas vendí 4 apartamentos. Entonces me dije ¡wow! Hay muchas personas con mi mismo sueño. Las voy a ayudar a lograrlo.

Me sorprendí de que tantas personas deseaban: Tener una villa vacacional en uno de los mejores destinos turísticos del mundo, y a la vez generar ingresos con plataformas como AIRBNB.

¡Les puedo decir con gran orgullo, que en un mes vendí 40 apartamentos!

Mas adelante, compré una casa nueva de tres habitaciones, dos baños, con patio terraza y piscina, con acceso controlado, por menos de $100,000. Justo al frente de donde compré el apartamento y vendí 10 casas en tres días. La segunda fase la vendí completa junto a mi equipo de trabajo. Los arquitectos trabajando para mí en un país que no es el mío. Quedaba impresionada de la deferencia ante mi trabajo. En ocasiones me pongo como meta vender un apartamento en 30 minutos y lo logro.

Vendí 75 propiedades en República Dominicana en varios meses.

Mis clientes son algunos de Puerto Rico, quienes llegan en 30 minutos a la República Dominicana. De la Florida, Nueva York, Connecticut, Indiana, Massachusetts, New Jersey, y de otros estados. Es impresionante ver como el hermano se lo dice a la hermana, el padre al hijo.

El amigo a otro amigo. Todos compartiendo la bendición de invertir en un apartamento en una zona exclusiva a un excelente precio.

Quedé enamorada de la localización de mi apartamento y de mi casa, a 5 minutos de *Downtown* Punta Cana, supermercados, centros comerciales, clubes nocturnos, restaurantes, a 10 minutos de la playa y a 15 del aeropuerto. Fui personalmente a todos esos lugares. Compré zapatos de piel en la tienda EGO, maquillaje, comimos por la zona, visitamos el supermercado Jumbo. Además, hay un *IKEA* y un cine cerca, como también excelentes restaurantes y *Hard Rock Cafe*.

No estaba acostumbrada a vender propiedades tan económicas. Mi asistente me recomendó que me enfocara en vender en masas y vería las ganancias. Sin darme cuenta vendí millones de dólares en un mes, en un país que nunca había trabajado.

De repente mi asistente me dice: "Mira tus ganancias, si no las tuvieras que dividir con tu socio, fueran más de $200,000 en un mes". Me quedé tan sorprendida. Me dieron deseos de llorar de la emoción.

Varios días más tarde, mi socio Carlos me dice: "Vionette ya tu apartamento está saldo con las ventas, te sobra para amueblarlo y más".

Entonces lloré de la alegría y le di gracias a Dios.

Casi todas las personas que han comprado propiedad no las conocía. Me siguen a través de mis redes. Es un honor para mí que confíen en mí. Sin embargo, aparte de Janet, varias amigas han adquirido.

Una gran amiga y mentora, quien es banquera, Zenaida Negrón, también adquirió su propiedad. Ella está muy convencida de que es una gran inversión pues es una mujer de negocios y de gran visión.

Como también, mi amiga Selena Carrión. Esta mujer la conocí dando una charla para empresarias muchos años atrás. Quedé impresionada con su historia, su belleza y su empuje. Ahora me dijo que va a comprar más apartamentos porque va a desarrollar una industria hotelera en República Dominicana. Me refirió hace años a su sobrino Jeremy para comprar una casa en Florida. Ahora también Jeremy está invirtiendo en Punta Cana.

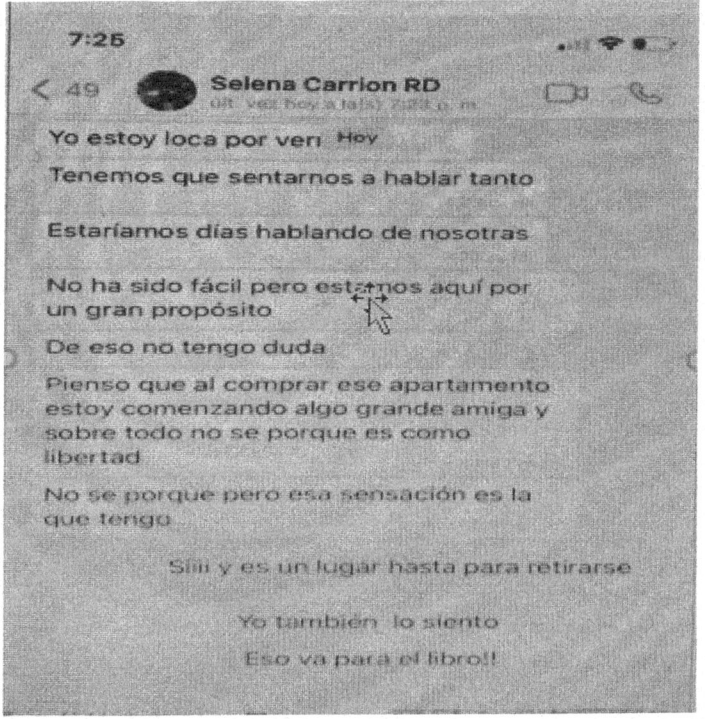

Mi amiga Jennypher Rivera, quien fue conmigo hace varios años a Republica Dominicana cuando comencé este proyecto que íbamos a trabajar juntas, compró un apartamento. Como también su padre y su hermana adquirieron un apartamento y su novio. También adquirieron una casa con piscina.

Este proceso ha sido muy diferente al de trabajar con vendedores y compradores de su hogar en la Florida. Aunque también es muy reconfortante, es diferente. Porque estas personas que estoy ayudando a invertir en Punta Cana, no solamente están comprando una villa vacacional espectacular a un precio muy económico, sino que también les estoy ayudando a emprender. A que vivan su propio paraíso. Entonces se siente una satisfacción especial, pues estamos todos ayudándonos a lograr un sueño en común.

De hecho, estoy planificando para el siguiente año, que, con la ayuda de Dios, espero ya no exista la pandemia, un rumbón en la playa en Punta Cana, para celebrar todos juntos. Todos están muy emocionados y quieren ir Al #RUMBON2022 #PUNTACANARD #INVIERTE #VIVETUPARAISO #TUINDISTRIAHOTELERA

Por fin pude publicar el sitio web que ya habíamos pagado Gianny y yo hace varios años. El diseñador muy creativo, me preguntó si quería un sitio web corporativo o si lo quería como mi personalidad "outgoing" y sencilla. Le dije que quería mi sitio web como soy yo. Entonces se le ocurrió utilizar la foto que me tomaron en Punta Cana con la bandera en la playa luciendo un traje de baño. Me encantó el resultado final. Pueden verlo visitando www.vionettepietrird.com

Ser una realtor internacional era uno de mis sueños, y lo logré en plena pandemia. Les confieso que cuando viajé años atrás, no tenía ni idea de cómo me iba a ir en ese proyecto. Hasta me asustaba un poco mi arrojo. ¡Pero jamás me imaginaba que iba a vender 40 apartamentos en un mes!

Mi bróker me escribió un mensaje diciéndome: "Envíame todos los documentos aparte por favor para no confundirme. ¡Son demasiados clientes! El otro día que fui a buscar un cheque a la oficina me dijo:

"Vionette estoy orgullosa de ti".

Mery me ha enseñado lo importante de ser organizada, disciplinada. Lo importante de no dejar para mañana lo que puedo hacer hoy. Que merecemos tener en la vida lo mejor, sin perder la esencia y la sencillez. Además, ha sido muy solidaria conmigo en todos mis procesos personales. Cuento con la mejor bróker. Aparte de que nos motiva con los maravillosos eventos de reconocimiento que realiza.

Un día recibo llamada del agente que representa a la compañía constructora de Republica Dominicana y me dice: "El constructor quiere conocerte. Dice que quiere hacer negocios con una mujer empresaria como tú. De hecho, el propietario del banco también quiere conocerte. Las ventas se han paralizado especialmente para atender a tus clientes".

Me quedé sin habla. ¡Estaba paralizando una constructora en otro país!

¡Lo que es capaz de hacer una mujer empresaria puertorriqueña en tiempos de crisis!

Mi socio Carlos, ha sido de gran ayuda y bendición. Como también, mi asistente Javier con sus brillantes ideas.

No en vano somos *Million Dollar Team.*

Un día Carlos me dijo unas palabras que me impactaron:

"Vionette lo que estamos logrando son cosas *sobrenaturales*. No es normal que hayas vendido 40 apartamentos en solo un mes".

Le dije que tenía razón y que precisamente había puesto ese proyecto, como todos lo que emprendo, en manos de Dios.

Fue así como su *broker* le pidió me ofreciera la oportunidad de ser la vendedora principal junto a él para una comunidad espectacular bien cercana a la que compré mi apartamento. Acepté con gusto. En primer lugar, porque la compañía constructora es muy prestigiosa. En segundo lugar, porque me permitieron negociar el plan de pago para mis clientes inversionistas. En tercer lugar, por las amenidades que ofrece, la localización y los precios accesibles para cualquier bolsillo.

Para mí es un honor trabajar con compañías confiables que trabajan con fiduciarias que garantizan nuestra inversión. Por eso me monté en un avión y llegué allí personalmente. Porque no promuevo lo que no veo con mis propios ojos.

Aparte es importante saber que lo que estamos adquiriendo es un apartamento o una casa propia. No es un "time share".

¡Es un lugar donde puedes retirarte si deseas!

De hecho, muchas familias me han dicho van a retirarse allí pues el estilo de vida es bien económico. Como también es algo que he considerado para mí en un futuro. Retirarme en República Dominicana, o vivir unos meses allá y otros en Florida.

Norma de León, una cliente y amiga que conocí por Frank, que también es una de las inversionistas que ha comprado varios apartamentos junto a su esposo Lisander en Punta Cana, me preguntó sobre contactos que tenga de personas confiables que se puedan contratar para que cocinen y limpien mientras tengamos estadía allá. Me encanta la idea pues el pago de esos servicios allá es super económico. ¡Así podemos vivir la gran vida! Hasta chofer puedes tener si deseas.

Mientras estuvimos allá la pasamos espectacular.

Mi amiga Janet, quien también es parte de mi *"team* de *real estate,"* es una mujer muy alegre y aventurera. Hizo que nos registráramos en una aventura donde íbamos a conducir un vehículo para "escambrear". Oh my God! Yo que no soy chica "outdoor".

De hecho, ella guió el vehículo más tiempo que yo. Ambas disfrutamos muchísimo. Además, fuimos a unas cuevas preciosas, a un lugar donde preparan café, vimos artesanías y finalizamos en una bella playa donde me tomaron la fotografía que salía en mi sitio web.

Allí comí el famoso "pica pollo" dominicano exquisito. Con una deliciosa piña colada dentro de una piña, mirando ese bello mar color turquesa. Inolvidable.

Es definitivo que estoy muy orgullosa de las inversiones que hice en ese país. Pues precisamente era un sueño que anhelaba realizar mientras mi madre estaba viva. Mi madre adoraba Republica Dominicana. Siempre viajaba para allá. Recuerdo que una vez que viajó me quedé cuidando a mis hermanas pequeñas. Un día recibo una llamada de mi madre diciéndome: "Mi amor te voy a llevar el perfume *Oscar de la Renta* más grande que encuentre". Yo lo más emocionada. Entonces me dice: "Hija querida me gané la lotería de acá y nos quedamos una semana más". Mi madre me contaba que mis hermanas Yasmin y Myrna Lee, desgastaron los zapatos de tanto bailar. ¡Algo que pienso hacer cuando termine esta pandemia!

Sé que, aunque ya mi madre no está, estaría muy orgullosa de este logro que espero en Dios poder disfrutar junto a mi familia para principios del 2022.

Aparte, la comida de ese país es exquisita. Los servicios de belleza super económicos. Los turistas somos tratados de forma muy especial, pues ellos precisamente viven del turismo. Las tiendas me encantan.

Las playas color turquesa y esas arenas blancas me enamoran.

Amo República Dominicana.

Invito a todos los que lean este libro a que vivan su propio paraíso. Que inviertan como lo hice yo. Como lo han hecho más de 70 personas en varios meses. Algunos han comprado tres propiedades. Lo mejor de todo es que separas tu propiedad solamente con $500.00, te hacen un plan de pago flexible por el porcentaje que te corresponda y lo demás lo financias en un proceso muy sencillo. O lo pagas en efectivo.

Me sorprendí al saber que la CEPAL, organización de las Naciones Unidas, especializada en economía, designó precisamente a Republica Dominicana, como el mejor país para invertir en Latinoamérica y el Caribe. Es una inversión inteligente. En plena pandemia están llegando 160 vuelos diarios a Punta Cana.

Yo compartí mi entusiasmo, mi alegría por lograr ese sueño. Mi sueño es obviamente, adquirir muchas más propiedades. Que se vayan pagando solas con el mismo alquiler. Para lograr independencia económica.

Los sueños no se posponen. Al contrario, se le ponen fecha límite, o no se dan. Me encanta la frase que dice Daniel Habif:

"No nacimos preparados, nacimos dispuestos".

Estoy plenamente convencida de que...

El momento ideal para hacer las cosas no existe, lo creas tú.

No era el momento perfecto viajar a Republica Dominicana en plena pandemia. Pero lo hice. Gracias a mi arrojo, tantas personas van a tener su propia villa vacacional y a generar ingresos, incluyéndome. Mas las que faltan.

El "click" que he hecho con los clientes que han adquirido propiedad en Punta Cana ha sido muy especial. Como dice la canción que coloca mi asistente en la mayoría de los videos promoviendo RD: ¡Nos fuimos Julio!

Mis bendiciones las comparto. Lo que redunda en más bendiciones en mi vida.

Algo que me di cuenta en este proceso es que no tienes que ser rico para invertir. Al contrario, comienza desde abajo para que lo seas.

Mi misión es ser mentora de todos los que quieren invertir.

Estoy preparando unos adiestramientos gratuitos, pues voy a compartir con todos mis clientes lo que aprenda, para que tengan éxito en su industria hotelera.

Lo importante es dar el primer paso.

Atreverse.

Poco a poco puedes ir creciendo tu *portfolio* de propiedades.

Conseguí quien nos hagan la limpieza y mantenimiento de los apartamentos por solo el 10% de las ganancias. Cuando generalmente cobran el 18%.

Lo importante es que sepas que *todos* pueden ser inversionistas. El financiamiento es bien fácil y no aparece en los reportes de crédito del país de procedencia. No pagamos impuestos de República Dominicana por un incentivo contributivo a base del valor de la propiedad. El pago de la asociación es menos de $100.00 mensuales e incluye el servicio de agua. En definitiva, una gran inversión.

Cuando animo a las mujeres a invertir en bienes raíces, a que generen mucho dinero, lo digo porque pueden ser unas leonas en los negocios. Pueden vivir bien. Tener lo que merecen y quieren.

Equivale a tener paz al dormir porque tienes con qué pagar tus compromisos, con que viajar. Puedes apoyar a tu familia. Comprarte lo que te gusta, sin tener que mirar el precio, aunque lleves un presupuesto. Como hacia mi prima Ivelisse cuando yo era adolescente que nos llevaba a las mejores "boutiques" a comprarnos ropa y trajes de baño y nunca miraba el precio. Recuerdo una vez que me compró un bikini en $78.00 feliz y campante.

Estar desahogada económicamente te permite viajar, degustar deliciosos manjares, Ahorrar. Asegurar tu futuro y disfrutar tu presente.

Un día mi asistente Javier me dice: "Vio, no pongas todos los huevos en una misma canasta. Invierte tu dinero¨. Entonces se le ocurre hacerme una propuesta en la que estaban envueltas las delicias culinarias que prepara. Él tiene un don para cocinar impresionante. Cuando mi familia ha probado su comida repite varias veces y se llevan hasta las sobras. Quisimos hacer un *tasting* de lo que vamos a promover en nuestro negocio y aunque ya habían probado su comida quedaron fascinados. Estamos considerando varias oportunidades de establecer nuestro negocio tanto en Puerto Rico como en República Dominicana. Otro proyecto bendecido que se va a concretar con la ayuda de Dios y nuestro esfuerzo.

Además, tenía otro proyecto en mente hace varios años con mi mejor amigo Frank. Él me había propuesto que fuese partícipe de su empresa que consiste en crear su propia línea de belleza. Particularmente fui su musa para la colección de *lip gloss* pues él sabe me encantan. Hace poco comenzó su tienda *online* de cosméticos. Entonces le dije, al ver que estaba por lanzar su línea de brochas y de pestañas postizas: "Frank, llegó el momento de que hagamos nuestro proyecto de los *lip gloss*. Se emocionó mucho, realizó los contactos, las negociaciones, y es otro de los proyectos empresariales que estoy trabajando en el 2021. Los que van al lanzamiento de mi libro pueden adquirir el libro en preventa, como también los "lip gloss".

Me siento orgullosa de atreverme a emprender. Sin miedo. La colección de la marca de Mr. Frank Enrique de los *lip gloss* se llama:

Reinas by Vionette Pietri

Fue una sorpresa que me dio Frank sobre el nombre de la colección y que es otra "causalidad" relacionada con el título de este libro.

Elegí esta fotografía con el traje color fucsia para promoverlos, a petición de los que consulté. Mi cuñada Brenda y Raisa me dijeron era su preferida. Como también el apasionado hombre del capítulo 1 de este libro me envió este mensaje:

Los "lip gloss" son creados para que seas una reina moderna, sexy y exitosa. Me encanta saber que voy a propiciar que las mujeres luzcan más bellas cuando usen los labiales *Reinas.* Los puedes adquirir en www.latinasempowerment.com

Cuando llegaron a mi casa la colección de *lip gloss*, me comuniqué con Frank por video llamada para verlos, junto a las brochas y pestañas postizas de su colección.

Le pregunté si estaba listo para verlos. Me dijo que no. Cuando se los mostré comenzó a llorar y yo también.

Entendí que tarde o temprano podemos lograr nuestros sueños, si nos lo proponemos y trabajamos fuerte por lograrlos.

Frank, aparte de ser mi mejor amigo, es un maquillista de renombre internacional, esteticista y figura televisiva en el campo de la belleza en el Programa *Lo Se Todo* que se transmite por *Wapa TV* en Puerto Rico y en Estados Unidos. Me ha fascinado con el entusiasmo que han acogido los *lip gloss*. Me siento muy emocionada y agradecida con todas las reinas que lo han adquirido. A las que lo adquieran les voy a pedir publiquen y me hagan "tag" en una foto o video luciendo el *lip gloss*. Agradezco a mi cliente y amiga Evelyn Riollanos por ser la primera en comprar varias copias de este libro y los *lip gloss*, tan pronto anuncié el evento. Que se vendió la mitad el primer día, gracias a Dios.

Comenzamos esta empresa en el campo de la belleza en tiempo de Dios. Como decía mi madre: "El tiempo de Dios es perfecto". Como bien dice Frank, es un "lip gloss" inspirado en el empoderamiento, la fuerza y la belleza femenina.

Aparte de esos proyectos, mientras les hablo de todo esto, estaba terminando de escribir precisamente este libro. El equipo que contraté desde España para realizar la portada de este libro me pidió ponerle fecha límite. Así me dio dos semanas para completarlo.

En esas dos semanas me estoy preparando para realizar tres "shooting" de fotos: Para la portada del libro. Para la empresa con Frank de los *lip gloss Reinas by Vionette Pietri*. Para el proyecto como *realtor* internacional con el equipo de *Milion Dollar Team* en República Dominicana.

A la vez, estamos preparando la propuesta del negocio de gastronomía que estaremos comenzado con la ayuda de Dios próximamente.

Un poco ocupada. Chicas, es que cada reina crea su imperio. TU puedes crear el tuyo. Ve paso a paso. Identifica que es lo que te apasiona. Para qué eres buena. Que te hace feliz hacer. Invierte en bienes raíces.

Aunque no todos los proyectos que he emprendido han sido exitosos, le doy gracias a Dios que la mayoría lo son. Porque los hago con el corazón. Porque tengo una fe inquebrantable. Porque los hago con el equipo correcto.

Es muy cierto lo que dice Daniel Habif:

"No llegues a la cima solo".

Escuché esa frase en el taller que ofreció "*Al carajo el*

miedo".

Una reina no necesita opulencia, necesita abundancia.

Puedes ser una mujer exitosa, ganar buen dinero y ser la más sencilla. Genuina. No me refiero a ser orgullosa o prepotente. Me refiero a disfrutar la vida que Dios te dio.

A vivir como una reina. ¿Por qué no?

Me encanta poner como ejemplo a una cliente que quiero como si fuese mi familia. Una joven madre que compró su casa en la Florida ella solita y además, acaba de invertir en República Dominicana.

Evelyn Riollano es una reina que se atreve. Una reina que invierte. Su madre Luz Medina, la apoyó para que lo hiciera.

Fui a visitarlas recientemente para entregarle un regalo a su bello hijo William que me dice ¨titi¨. Aquí les comparto lo que publicó en Facebook. Me llena de mucho orgullo ver los logros de esta reina moderna.

Evelyn Riollano
jul. 6 · 👥

Otros podrán ver varrillas, cemento. Yo veo sueños, esperanza, un mejor futuro para mi hijo. Construyendo su futuro un proyecto a la vez. Todo por el y para el... #VacationHome#SuHerencia#AirBNBfutureOwner# Luz Medina Gracias por ser el mejor ejemplo de lucha incansable por sus hijos Te amo. Todo te lo debo a ti!!!
🏗️❤️

👍❤️😊 Tú, Luz Medina y 12 personas más   9 comentarios

😊 Me importa   💬 Comentar   ⊙ Enviar

Nunca olvido que Evelyn un día me dijo:

"Vionette todo lo que tocas lo conviertes en oro".

Una reina se arriesga. Invierte. Se atreve ser empresaria. Comerse el mundo. Aunque tenga miedo. Porque los que hemos invertido nos estamos preparando para poder salir adelante cuando termine esta pandemia.

No soy bebedora, pero ¡que rica sabe una *Presidente* light bien fría! ¡Vamos a tomarla juntas!

Una reina crea su imperio.

Te invito a que crees el tuyo en bienes raíces. Quiero ser tu mentora. Te ayudo en el camino. Te invito a que te registres en www.latinasempowerment.com para que formes parte de nuestro movimiento de poder femenino internacional. Como también para que te enteres de eventos. Próximamente vas a poder participar de talleres *online* para ayudarte a crear tu imperio y para motivarte a que seas una reina moderna, sexy y exitosa.

UNA REINA CREA SU IMPERIO

Vionette Pietri

¿Una Reina Enamorada?

Curioso que en cada país que visité en la gira de mi cuarto libro, me preguntaban: ¿No te has enamorado de un hombre con el Maluma *flow* colombiano? ¿O de un "tigerazo" dominicano? Cuando le respondía que no, se sorprendían. Un locutor dominicano cuando le dije que había ido a su país en búsqueda de negocios no de amor, por mi empresa de inversiones en República Dominicana, me dijo: "¡Ah, pero el amor también se puede convertir en un negocio!

Hay un estigma de que una mujer está completa si tiene pareja o está enamorada. Por supuesto que es un complemento y parte de la vida, pero no lo esencial cuando estás en un proceso como el que he estado yo.

```
Y solo por curiosidades nunca he visto
una mujer que incluya en sus datos
intereses: HOMBRES
 Porque a ella le interesan muchas
cosas más importantes para su vida.
```

Sin embargo, llega el momento en la vida de una mujer que se siente lista para amar y ser amada. Que quiere vivir más que una aventura. Dejar las heridas atrás. Sentir besos en su cuerpo. Comenzar una nueva vida. Dándole la oportunidad a alguien de entrar en ella.

```
De repente me hace falta el amor.
Detalles caricias besos no solo pasión
y deseo. Y veo la canción de shallow
cómo mira a lady gaga a Bradley cooper

y de me salen las lágrimas 😨
```

Quiero hacerles un recuento divertido sobre lo que vivimos muchas mujeres cuando nos enamoramos de otra persona, y olvidamos enamorarnos de nosotras mismas.

Desde niñas pensamos que va a venir un príncipe azul, ese hombre perfecto para hacernos felices para siempre. Ya desde la adolescencia comenzamos a descubrir que, en efecto, el príncipe azul no existe. Cuando por alguna razón termina ese noviazgo, no me digan que ustedes, si son de mi generación no cantaron "¡Como te va mi amor!" de la agrupación musical Pandora.

Sucede que en ocasiones permitimos que el amor nos robe el protagonismo. Me explico, para ver cuantas se identifican. Cuantas de ustedes (yo me incluyo) han dejado a un lado sus sueños, su esencia, por dedicarse en cuerpo y alma a un hombre, y lo hacen a el protagonista de TU propia vida.

Yo confieso que lo hice. Cuando escuchaba la canción *Era mi Vida El*, de Isabel Pantoja, me identificaba.

Tal vez ustedes escuchen la canción y digan ¡Ay, qué romántico! ¡Era su vida él! Precisamente ese es el problema, nadie es la vida de nadie porque cada cual tiene su propia vida.

Mientras, nosotras las mujeres vamos por la vida hay ciertas cosas que creo nos pasan a casi todas...

Primero cuando nos enamoramos seguimos pensando que el amor es perfecto, que el amor es color de rosa, hasta que un día… hay algo en nuestra intuición que nos dice que algo no está bien. ¿Entonces nos convertimos en que? ¡En "detectives!" Verificamos las camisas buscando lápiz labial, ¡hasta los calzoncillos! ¿Nos da por qué? ¿Por buscar qué? ¡El teléfono! (porque ya miramos el código privado disimuladamente, que no entendemos porque tiene código pues se supone no tenga nada que ocultar).

Recuerdo cuando le contaba a mi madre sobre lo que encontré en el celular de mi ex. Me dijo: "Hija querida respeta su privacidad. Todos los hombres viven la vida loca y él no va a ser la excepción. ¡El que busca encuentra!"

Tenía razón mi querida madre sobre el que busca encuentra. *¡Pero yo quería buscar y no encontrar!*

Entonces descubrimos que como dice Amanda Miguel en su canción: ¨*El Me Mintió…* él me dijo que me amaba y no era verdad¨.

Pero el viene y nos dice palabras lindas, nos trae regalos, nos seduce y se atreve a decirte que ESO no era nada importante, que la única mujer importante en su vida eres tú, que por favor le des una oportunidad....

Creemos que va a cambiar entonces en uno de esos días que nos sentimos... susceptibles, *Aullando como Loba*, como dice Romeo Santos, volvemos a darle una oportunidad a quien nos va a volver a engañar una y otra vez.

Cuando una relación se basa en mentiras y traiciones, tambalea... y nos vuelven a perder.

Entonces cuando nos pierden nos dicen: "Nunca estaba en mis planes perderte" Te dedican esta canción: *Me dediqué a Perderte*, de Alejandro Fernández.

Realmente cuando te dicen me dediqué a perderte quiere decir me dediqué a serte infiel. ¡A pegarte unos cuernos que no te dejan entrar por la puerta!

Tú herida... le respondes *No Querías Lastimarme*, me querías matar... como dice Gloria Trevi.

En fin, que algunas mujeres tienen la fuerza de voluntad y dicen hasta aquí, pero otras hemos sido tan tontas que sabiendo que nos traicionan seguimos allí...

Cuando nos pasa eso, es cuando sabemos ¿que ese hombre es qué? Lo dice Olga Tañon: ¡Es mentiroso ese hombre, es mentiroso!

Seguimos a su lado porque el amor nos ciega, (o porque nos falta amor propio) Porque dumos todo por ellos.

Porque permitimos que nos quiten la corona... se nos olvida que en el amor somos reinas, no vasallas.

Cuando te están traicionando, por alguna razón, la última que te enteras eres tú. Aunque realmente tenías todas las señales frente a ti, pero no las querías ver.

La realidad es que cuando un hombre no te da el lugar que mereces corresponde a ti dártelo. Y posicionarte duele. Como dice Frida Kahlo:

"A veces tienes que olvidar lo que sientes y recordar lo que mereces".

Esa fue la frase que me hizo despertar del letargo que vivía en mi pasada relación.

Entonces, cuando descubres que, a pesar de tanto amor, tantos desvelos, esperando que llegara en la noche, tú en tu cama sola... cuando sabes que eres un espectáculo de mujer desatendida, es que dices como Valeria Lynch:

¡Fuera de mi Vida!

¡Si no bebes como yo, te tomas un tequila! Porque llega el momento en la vida de una mujer que quieres estar libre, sola. Quieres tener tiempo para ti, no quieres lavar sus calzoncillos, ni cocinarle. Porque no se lo merece.

Algunas mujeres tienen el valor de terminar esas historias. Otras mujeres se quedan allí, por los años que llevan juntos, por los hijos, por el qué dirán. Porque le tienen miedo a la soledad.

O tal vez tu historia ha sido diferente y has sido amada de verdad.

El otro día tuve una conversación con mi prima Jahaira que me cambió la perspectiva sobre el amor. Ella es una de las mujeres más bellas que conozco.

Con una personalidad encantadora y además es muy exitosa como profesional y una gran madre de tres bellas jovencitas.

Le pedí a ella me permitiera compartir parte de lo que conversamos sobre una apasionada relación que tuvo y accedió con mucho gusto.

Comenzó diciéndome: "Vio, estoy buscando el amor de mi vida. Aunque pensé por tantos años que lo tenía. *Resultó ser que no lo era y mientras lo encuentro me divierto con los que no lo son".*

¡Me encanto su mentalidad de reina moderna! Me dije a mi misma que tengo que aprender de ella. Pues se me dificulta bastante establecer relaciones nuevas.

Me acordó este mensaje que me envió mi hermana Yasmin qie me hizo reír y pensar en aprender a vivir.

Vionette Pietri

Me dijo: "Si mija, nosotros estamos más bellas que nunca. Tenemos que disfrutar la vida".

Ambas sufrimos mucho por amor, por estar por muchos años de nuestras vidas con la persona equivocada. Había llegado el momento de como ella bien decía "disfrutar la vida". Entonces me contó la historia de amor que les comparto:

"Conocí un chico en Lousiana donde me asignaron a trabajar por un tiempo. Vio, un hombre bello. En nuestra primera salida estuvimos conversando por cinco horas.

Vio, ya no pierdo mi tiempo. Soy una mujer cuarentona. Por lo que estoy con quien yo decida. ¡El tipo estaba bello! Me dije a mi misma:

Quiero este hombre para mí.

(Cualquier parecido con la vida real de alguna de las que leen o la que escribe este libro es pura coincidencia).

Más adelante, sale a relucir que el chico maravilloso tenía unos problemas que debía resolver y decidimos quedar como amigos. Desde que estoy divorciada es el hombre que más me ha gustado. Por eso te dije que era el hombre que quería para mí.

Vio, yo no como cuento con los hombres. Si no me gustan o reúnen mis expectativas los descarto inmediatamente. (Excelente filosofía, aprendamos chicas).

Me gustan los hombres con metas fijas, bien centrados.
Por supuesto también tiene que haber una atracción.

Me contó que con él vivió el mejor sexo de su vida. ¡Por
supuesto que la entendí! Pues sé lo que conlleva luchar
contra lo que se siente cuando alguien te apasiona así.

Entonces me cuenta que no sabe cómo responderle un
mensaje que recibió de su parte.

Me dijo: "El sábado me llamo de la nada. ¡Estaba
comiendo pizza y por poco me ahogo! Seguimos siendo
amigos, pero tiene tantas cosas que arreglar en su vida
que no vale la pena que me esfuerce con él. Te voy a
enviar el mensaje y me respondes cuando puedas"

Esta fue mi respuesta: Tienes que ser inteligente. Te
está extrañando y es bueno que te extrañe. Tú no eres
simplemente su amiga. Tu eres una mujer inolvidable.
Los hombres americanos se enloquecen con las mujeres
latinas porque somos candentes y eróticas. ¿Tú lo
quieres para ti? ¡Pues ve por él! Yo siendo tú lo reto
para que vaya a verte a Puerto Rico. Aunque está
resolviendo cosas en su vida, es difícil no ilusionarse
con que algo pase entre los dos. Él está tomando la
iniciativa. Juega. Propicia que él se esfuerce. El pasado
que tiene pesa, pero tú eres el presente.

¡Yo también me hubiese atragantado la pizza! No te
rindas. ¡Eres mi prima! La vida es tan corta ¡Estamos
viviendo una pandemia! Si eres feliz en esos brazos
disfrútalos. Nos ponemos en la mente que las relaciones
deben ser perfectas. ¡Si el mejor sexo de tu vida lo

tuviste con él, que te puedo decir! El amor y la pasión no tienen distancia. Quien sabe y ese hombre es para ti".

Le pedí me siguieran informando del siguiente capítulo. Me respondió: ¡Me muero contigo Vio! Lo voy a hacer".

Le dije, además: "Estamos en una época donde hay que vivir aventuras. Disfruta tu belleza, tu erotismo. No pienses en sufrir o en enamorarte. Piensa en disfrutar el momento. En arriesgarte. En ir por lo que quieres. Tu eres una muñeca tan bella, inteligente, trabajadora. Eres la mujer que cualquier hombre puede anhelar tener. ¡Para esa boda voy, aunque tenga que montarme en un avión!

A los días me envió este mensaje:

"Estamos tan *sedientas* de amor y de atención que al tenerlo y tener que dejarlo ir, duele muchísimo. Te confieso que me deprimí. Fue muy fuerte para mí. Entonces me dijo algo clave para muchas de nosotras:

"Lo quería porque no podía tenerlo".

Prosiguió diciéndome: "Es como un reto cuando no lo puedes tener. Sé que voy a encontrar a alguien que me valore. Yo soy bien desesperada y no dejo que las cosas fluyan. Eso es parte de nuestra personalidad. Porque por eso somos tan exitosas en el área laboral y no tanto en el área sentimental. (¡Ouch! la verdad duele, pensé) Porque no dejamos que las cosas fluyan, sino que las provocamos. En el amor hay que dejar que las cosas fluyan. Entiendo que de esa forma nos herimos menos".

Sus palabras me acordaron cuando me decían: "Deja que las cosas fluyan…" y yo queriendo controlar lo que no se puede.

Luego me dijo: "Aquí te sigo contando prima mi "llori party" de vida amorosa.

Tengo que sacarme esto del sistema y creo que con esto cierro este capítulo de mi vida y termino finalmente con esta historia. Hace un mes yo le dije que quería ir a verlo. No seguí tu consejo. Él se quedó en silencio y no me dijo ni sí ni no. Entonces me armé de valor y le dije: "Te tengo que dejar ir. No puedo seguir con esto. Tu no me mereces y yo necesito enfocarme". Luego de esa conversación no hablamos por un mes.

Entonces prosigue mi prima contándome la historia. "Cuando volvimos a comunicarnos le dije que yo creía fielmente que conocemos a las personas con un propósito y que ahora sabía cuál era el propósito de haberlo conocido. Le dije que siempre iba a scr importante en mi vida. Me escribió que ahora le daba curiosidad saber cuál fue su propósito en mi vida. Me dijo: "Tú también fuiste especial para mí". Pero me explicó como un buen cabrón que no tenía espacio para el amor en su corazón.

Yo le contesté que tenía que haber dejado que el Espíritu me guiara. Pero no escuché mi voz interior cuando lo conocí. Cuando estuvimos juntos por primera vez yo pude sentir su tristeza, su vacío y su confusión. Al otro día le dije que sentía una tristeza que no podía explicarla. Hasta lloré. No soy así. Ahora me doy cuenta de que esa era mi intuición diciéndome que tenía que salir de allí. Pero como él, me sentía sola. A diferencia de él, soy bien terca y me quedé allí.

Entonces me puse a ver las fotos que nos tomamos juntos y noté que mis ojos se veían tristes. Le dije que yo no podía volver a ignorar mi intuición jamás. Debía dejarme llevar de mi espíritu, donde mi confianza no tiene límites.

Esa fue la lección aprendida. Me lo saqué del sistema. Deseo que le vaya bien en su *fucking* vida. Pero le tenía que dejar saber que una vez que uno siente que las cosas no están bien, no podemos ignorar lo que sentimos.

Lo mejor es cortar las cosas de raíz, no esperar.

Como me sentía bien atraída hacia él, no me daba cuenta de que parece sentía esa necesidad de ayudarlo, de querer salvarlo de su propia miseria.

Estaba en otro país, sola. No tenía con quien distraerme. Lo cogí como una asignación. Me hice daño yo misma. Al tratar de salvarlo a él, terminé yo cargando esas energías y esa tristeza que ese hombre cargaba.

Me respondió que yo era un ser de luz, que eso era lo más hermoso que yo tenía. Que deseaba que en algún momento encontrara ese amor dorado que yo esperaba, porque no conocía de una persona que mereciera ese amor más que yo".

Cuando mi prima Jahaira me dijo todo eso me sentí muy orgullosa de ella porque siguió adelante.

Recordé lo que mi madre siempre me decía: "En el amor no seas madre, se mujer". Porque por alguna razón las mujeres tenemos la costumbre de ser maternales con las parejas.

Queremos cambiar a nuestras parejas, o salvarlos de sus situaciones. Eso nos pasa a muchas mujeres. Es bueno aprender de las historias de las demás.

Le dije, "Adelante prima querida. Sé me vas a contar buenas noticias. Ábrete a otras opciones que eres buena para eso. Yo tengo que aprender de ti".

Les cuento que el bello americano viajó finalmente a Puerto Rico a tener un apasionado romance con mi bella prima.

Entonces sobre el amor que les puedo decir:

Cada mujer tiene derecho a vivir la mejor historia de amor.

¿Viviré yo la mía? ¿Has vivido la tuya?

Como también tiene derecho a intentarlo, aunque no funcione. Pues es válido equivocarse al amar.

Solo el amor de Dios es perfecto.

El otro día escuchaba una canción de Carol G que decía, "Si le pagaran por hacer sufrir ya seria millonario". Sin embargo, entendí que depende de nosotras permanecer donde estamos sufriendo, donde no nos quieren.

Decir adiós amando es bien doloroso. Decir adiós aún en una relación que no funciona, es una de las decisiones más difíciles que debemos tomar. A la misma vez una de las más importantes.

En ocasiones me he preguntado: ¿Qué duele más, el amor, o el desamor?

Entonces, recordando lo que dijo mi prima sobre disfrutar con el que no es el amor de tu vida, en lo que llega el que es, pensé en el novio que nunca tuve.

Mujeres!!
Mientras llega el indicado, disfruten del equivocado.

Atte: El equivocado.

Les comparto una de las columnas que publiqué en Tu Revista Mujer en la Florida. Precisamente su título es:

"El Novio que Nunca Tuve".

"Siempre me ha tocado decir el brindis en la mayoría de las bodas de mi familia.

Según mi familia tengo un don de palabra. Hay un brindis en particular que nunca olvido.

Cuando estaba escribiendo el mensaje de ese brindis mi madre me dijo: "Javier significa para Nadine, el hombre que es su primer amor, el hombre que su madre elegiría para ella y el hombre con quien realmente ella se quiere casar."

Añadió que es muy difícil que una mujer logre casarse con un hombre que reúna todos esos requisitos. En efecto, esa historia de amor no tiene fin.

Cuando leí esa frase en el brindis de la boda de mi hermana, me dije a mi misma:

"Ese es el novio que nunca tuve".

Ahora que han pasado más de dos décadas desde ese día del brindis, me pregunto cómo debe ser el novio ideal, el que nunca tuve. Concuerdo en que el novio que nunca tuve debe ser un hombre que se alegre cuando me vea, sin ningún motivo. Solamente porque mi presencia le trae felicidad. Debe tener sentido del humor y escucharme cuando le cuento historias.

Ese hombre debe ser fiel. Un hombre que respete mi condición de ser mujer de un solo hombre. Debe sentirse orgulloso de estar con una mujer completa.

No debe necesitar nada adicional porque conmigo lo tiene todo.

Ese novio que nunca tuve me debe dar la mano firme cuando sienta que me caigo.

Nunca debe maltratarme. Debe ayudarme a seguir cuando creo que no puedo más.

Ese novio que nunca tuve no le debe importar si ya no soy tan joven, (aunque lo parezca).

Debe ver la hermosura de mi esplendor femenino. Se debe enamorar de mi intelecto. Debe celebrar los momentos de vida que tenemos juntos. El novio que nunca tuve tiene derecho a no ser perfecto, a enojarse, y a sentirse triste. Sobre todo, a amarse mucho a sí mismo, tanto como me amo yo.

El novio que nunca tuve debe celebrar los momentos de vida que tenemos juntos. Debe ser sencillo, aunque viva en la opulencia. Viajar por la vida con equipaje liviano.

Debe ser agradecido de Dios.

El novio que nunca tuve debe hacerme sentir que soy la **única** mujer que importa.

Debe protegerme y ser capaz de todo por mí. Ese hombre debe abrazarme fuerte. No dejarme ir de su vida.

El novio que nunca tuve debe hacerme el amor cada vez, como si fuera la *última*.

Sentirse feliz de poder disfrutar en exclusiva, la extraordinaria capacidad de amar de una mujer como yo. No sé si algún día conoceré al novio que nunca tuve. Mientras, me siento feliz conmigo misma¨.

¿Has conocido al novio que nunca tuve?

No les voy a negar que estoy muy activa en mis redes por mis empresas. Por lo que recibo muchas invitaciones para salir, para bailar, para viajar. Sin embargo, no he tomado la palabra de nadie. Hasta el momento que estoy terminando de editar este libro en septiembre de 2021, solamente del hombre con el que he vivido el mejor sexo de mi vida.

Cuando me separé de mi ex hace como 4 años, un ex enamorado me escribió para intentar retomar nuestra relación. Quería viajar de Puerto Rico para verme a la Florida, pero le dije que no. No estaba preparada para otra relación. Además, me había herido mucho. Yo me había enamorado de él. Sin embargo, un buen día me escribe una carta diciéndome:

"Eres la mujer que todo hombre soñaría tener, bella, sexy, inteligente".

Para luego desaparecerse de mi vida sin explicación. Hasta en el Monólogo *Hablemos sobre el Amor* en el 2000, incluí esta historia. Luego de más de dos décadas me hizo una confesión que me sorprendió, que hoy les comparto.

Pero me estoy sintiendo mejor con cada palabra que t digo. Tal vez te lastimo, tal vez entiendas o tal vez no, pero decirte que te ame, que te recuerdo a cada momento no es para mi en este momento una vergüenza, es el desahogo de toda una vida de la cual me enseñó que el amor no esta en cada esquina, que amor esta en las personas que menos esperamos y que marcan a uno en el momento inesperado, hoy doy fe, de que debí haber sido valiente, tomar una decisión, y no un cobarde cuando me tocó luchar x ti. Hoy te pudo perdón, y que sepas que si te ame con todo mi corazón como nunca imagínate. Tanto Vionette Pietri que no te he podido olvidar. Te envio miles de bendiciones y mucho éxito. Un fuerte abrazo.

Pero solo quería decirte que no te quise nunca, solo supe amarte y aún vivo bien arrepentido

Viooo...sin embargo nunca he podido desprenderme de ti.. no se pq..pero llevo ese dolor siempre en mi corazón. Fuistes para mi los más hermoso de mi vida.. 😊 😊 💋 💋 💋

Me hicistes grande a pesar de hacerte pequeña, tal vez por eso no me he perdonado esa forma de ser contigo.

Deje perder un gran amor y la mujer más hermosa y cariñosa de mi vida

Cuidate siempre

Y siempre tendrás un me gusta de mi parte

Te amé mucho y tal vez aún siento eso en mi ser...la traté de olvidar todo y sigues en mi presente como si fuera ayer

Hoy puedo decir que fuistes y srras mi gran amor...

Solo perdí mi tiempo en tratar de recuperar y luchar x un futuro sin sin garantías cuando se que lo tenía todo contigo

Casualmente, mi hermana Bebé el otro día me escribe que tuvo un sueño conmigo sobre alguien del pasado que me demostraba que se puede perdonar y volver a amar.

El ex enamorado quiere que nos volvamos a ver. No sé si llegue a verlo. No sé si suceda algo entre los dos. Si en ese momento habrá *alguien* que me detenga para no verlo.

Le conté a mi hermana Yasmin sobre la posibilidad del encuentro con mi ex enamorado y me dijo:

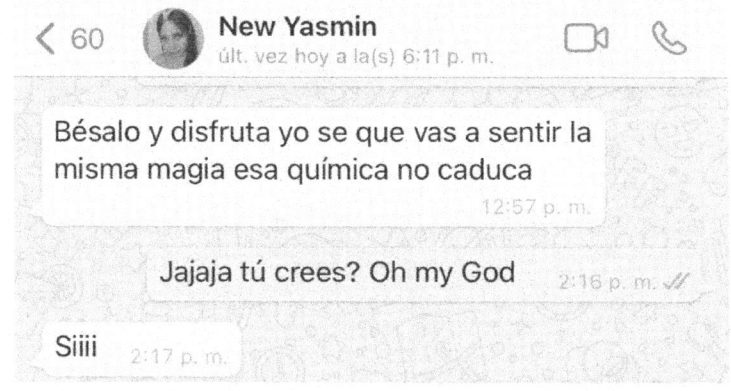

< 60   New Yasmin
        últ. vez hoy a la(s) 6:11 p. m.

Bésalo y disfruta yo se que vas a sentir la misma magia esa química no caduca
                                    12:57 p. m.

            Jajaja tú crees? Oh my God   2:16 p. m.

Siiii   2:17 p. m.

Algo aprendí de mi amiga Yazmin Penagos, ya al final de editar este libro, que me hizo reflexionar y reprogramarme como mujer. Entiendo que es necesario compartirlo contigo. Porque es algo esencial para tener una relación exitosa con quien elijas estar. Para ser feliz contigo misma. De repente me acordé de mi gran amigo Mateo Blanco, un hombre culto y exquisito del cual siempre aprendo tanto. Mateo siempre me dice: "Usted es una mujer hermosa, elija al hombre que más le guste, el más bello, el más sexy".

En primer lugar, mi amiga Yazmin me mencionaba que nosotras generalmente somos criadas por mujeres que nos crían con "cantaletas". Es decir, nos repiten la misma historia una y otra vez. Muchas veces, me atrevería decir que siempre, repetimos ese patrón y tratamos a nuestras parejas con esas "cantaletas" que tanto odian. Eso hace que se alejen de ti. Es tiempo de romper ese esquema.

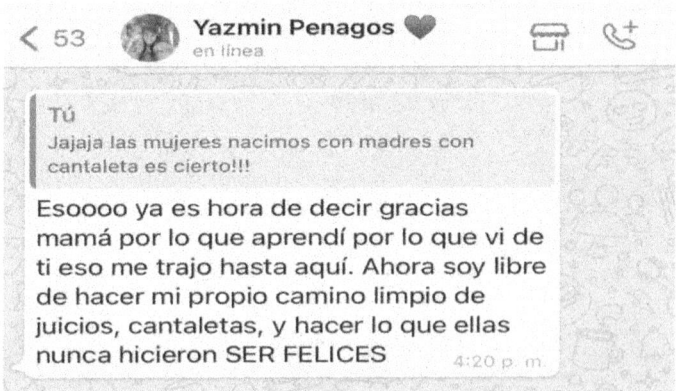

En segundo lugar, no sé tú, pero yo tal vez sin advertirlo, he sido una mujer posesiva y dominante. Sin darme cuenta de que cuando dejo de serlo, soy una mujer relajada, feliz y divertida. Mientras mi amiga me preguntaba por qué pensaba era así, le mencioné el "issue" del abandono. Nunca olvido el día que mi madre dejó a mi padre. Tenía 4 años. Se escuchaba en la radio *Noti Uno*. Me di cuenta de que era posesiva y dominante porque temía me abandonaran como pasó con mis padres. Era una forma de "defenderme". Sin darme cuenta de que ser así propiciaba más que me abandonaran. Entonces tomé una decisión que se va a ser trascendental en mi vida: Decidí dejar de serlo.

Yazmin me decía: *"Los hombres aman a las mujeres relajadas, felices, que no presionan"*.

Decidí vivir. No juzgar, no cuestionar, no "cantaletear". Solamente disfrutar a plenitud en los brazos que soy inmensamente feliz. Ofrecer esa mezcla perfecta entre la paz y la pasión. Ese oasis donde siempre quieren regresar...

Entonces entendí que nosotras mismas podemos escribir nuestras historias de amor y de pasión.

Que tenemos en nuestras manos el poder de la compasión y la sabiduría. Pero casi nunca lo usamos. Que debemos reír más y pelear menos. ¡Vivir!

Les comparto las cosas que decidí hacer para ser una mujer relajada, feliz, que no presiona ni controla. Me va a tomar tiempo controlar un poco mi carácter. Pero vale la pena para ser feliz, sin perder mi esencia.

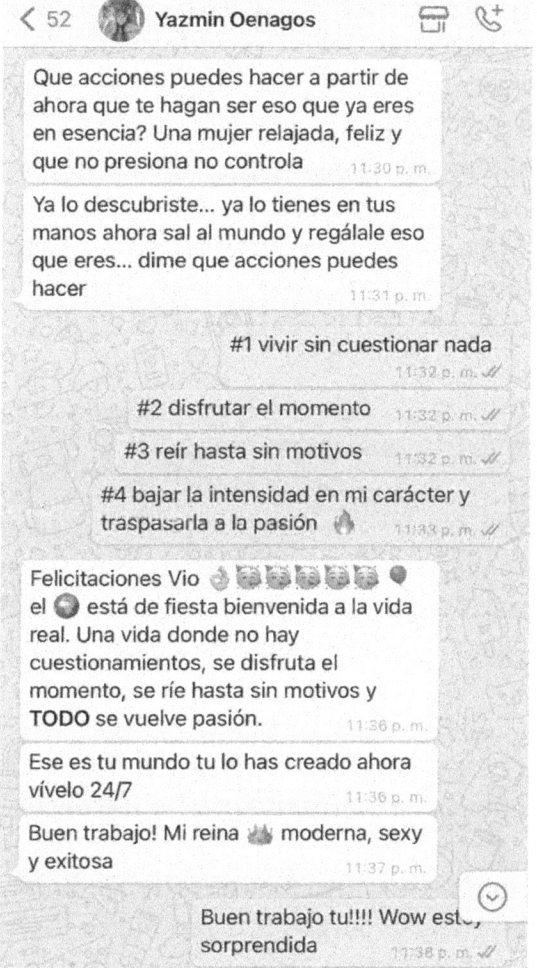

Que acciones puedes hacer a partir de ahora que te hagan ser eso que ya eres en esencia? Una mujer relajada, feliz y que no presiona no controla   11:30 p. m.

Ya lo descubriste... ya lo tienes en tus manos ahora sal al mundo y regálale eso que eres... dime que acciones puedes hacer   11:31 p. m.

#1 vivir sin cuestionar nada   11:32 p. m.

#2 disfrutar el momento   11:32 p. m.

#3 reír hasta sin motivos   11:32 p. m.

#4 bajar la intensidad en mi carácter y traspasarla a la pasión   11:33 p. m.

Felicitaciones Vio el está de fiesta bienvenida a la vida real. Una vida donde no hay cuestionamientos, se disfruta el momento, se ríe hasta sin motivos y **TODO** se vuelve pasión.   11:36 p. m.

Ese es tu mundo tu lo has creado ahora vívelo 24/7   11:36 p. m.

Buen trabajo! Mi reina moderna, sexy y exitosa   11:37 p. m.

Buen trabajo tu!!!! Wow estoy sorprendida   11:38 p. m.

Mi hermana Yasmin me envió un mensaje para el mismo tiempo que Yazmin Penagos me dio ese "coaching" de vida que tanto necesitaba. Su mensaje me impresionó mucho y les quiero compartir para sellar mi historia.

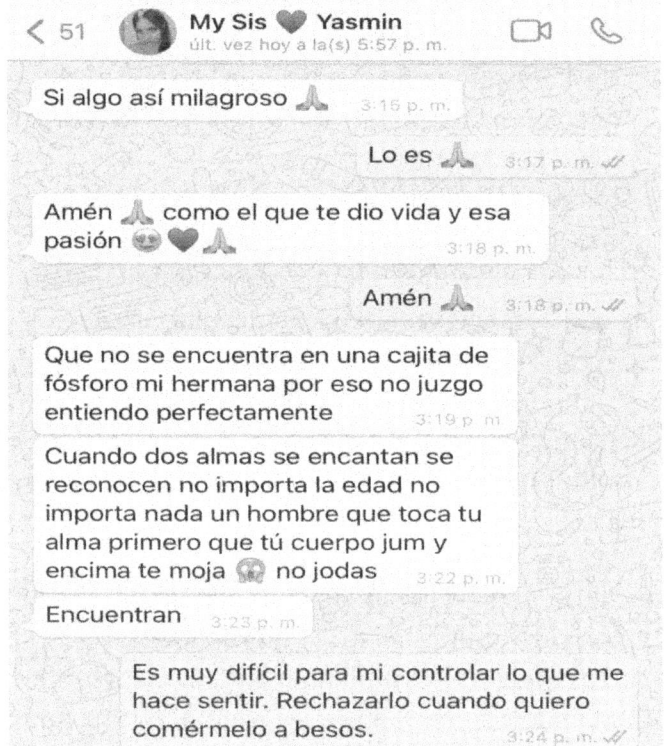

My Sis ♥ Yasmin
últ. vez hoy a la(s) 5:57 p. m.

Si algo así milagroso 🙏   3:16 p. m.

Lo es 🙏   3:17 p. m. ✓✓

Amén 🙏 como el que te dio vida y esa pasión 😵 ♥ 🙏
3:18 p. m.

Amén 🙏   3:18 p. m. ✓✓

Que no se encuentra en una cajita de fósforo mi hermana por eso no juzgo entiendo perfectamente   3:19 p. m.

Cuando dos almas se encantan se reconocen no importa la edad no importa nada un hombre que toca tu alma primero que tú cuerpo jum y encima te moja 🙈 no jodas   3:22 p. m.

Encuentran   3:23 p. m.

Es muy difícil para mi controlar lo que me hace sentir. Rechazarlo cuando quiero comérmelo a besos.   3:24 p. m. ✓✓

Por fin entendí que no tengo que rechazar lo que me hace feliz. Que tengo derecho a vivir la pasión y el amor que llegue a mi vida. Que la vida es tan breve que no hay tiempo que perder para entregarse. Ya entendí lo que mi madre me quería decir cuando me recalcaba tano esta frase:

"APRENDE A VIVIR".

No busques en un papel que diga que estás casada la felicidad. La felicidad consiste en momentos que atesorar con esa persona que llega a tu *alma* y a tu *piel*.

Nada mejor que amar en libertad.

Mi amiga Yazmin me decía que, aunque hay parejas que se unen en matrimonio enamoradas, la mayoría de las personas se casan por muchas razones, menos por amor. Por seguridad, por compromiso, por lástima, por costumbre, por agradecimiento, porque es lo que se espera que hagan. Por los hijos. Me contaba de dos parejas que conoció que llevaban décadas casados y no eran felices. Sin embargo, no tuvieron el valor de decir adiós y comenzar una nueva vida. En fin, si vas a tomar esa decisión, hazlo por qué te hace feliz, no por presión social como lo hice yo. O por una razón equivocada. Craso error.

No sé cuál sea tu estatus relacionado al amor. Si estás con el amor de tu vida. Si no lo has conocido.
Si le dieras alguna oportunidad a alguien del pasado. Si estás luchando contra el amor. Si estás abierta a nuevas relaciones. Si no quieres saber del amor. Si estás enamorada de la persona equivocada. Son tantas las posibilidades.

Solamente tengo una certeza:

Vas a saber si es el indicado si te trata como una reina.

CADA MUJER MERECE VIVIR LA MEJOR HISTORIA DE AMOR.

Vionette Pietri

Una Reina Recupera su Corona

Estuve investigando sobre reinas de la historia y todas tenían un denominador común: eran audaces para su época. *Creaban sus propias reglas*. Eso mismo podemos hacer las reinas modernas. Crear nuestras propias reglas. No me gusta el dicho: "La rueda esta inventada". Yo en todos mis proyectos implanto mi sello personal. En ocasiones veo las tendencias y hago exactamente lo contrario. Eso propicia que me posicione por ser diferente y original.

Si sientes que, por alguna razón en tu vida, ya sea en el plano amoroso, sexual, profesional o personal, que has perdido tu corona, llegó el momento de que la recuperes. Pues todas las mujeres somos reinas.

Para una reina recuperar su corona debe rescatar su amor propio. En ocasiones, reprogramarse como mujer.

Es esencial darse su lugar. No esperar que otros se lo den. Debe decidirse de una vez por todas a vivir. Pero no lo tradicional. Vivir lo grandioso.

Lo que la deja sin aliento.

La vida que soñaba para ella.

No me refiero a sobrevivir. Me refiero a vivir la gran vida. Reír fuerte. Bailar cuando desee.

Mirarse al espejo con amor.

El otro día veía en las redes, las vacaciones en la isla *Bora Bora* de una amiga de mi hermana, Jazmin Gear. Una reina moderna que me inspira porque sabe disfrutar la gran vida.

Una reina recupera su corona cuando es feliz consigo misma.

Cuando no pretende ser perfecta, sino real.

Cuando tiene un balance en su vida en todos los aspectos que les he recalcado en este libro: profesional, sexual, espiritual, emocional, económico, y físico.

Cuando sana sus heridas. Cuando perdona. Incluyendo perdonarse a sí misma.

Me costó muchas lágrimas entender que el amor más importante es el amor propio. Bien dicen que para que otros te amen debes amarte tu primero.

Tener amor propio es quererte tal como eres. Pero exigirte ser lo mejor que puedas.

Consiste en disfrutar tu presencia. En no sentirte sola si no tienes pareja, sino LIBRE. Libre para elegir lo mejor para ti.

Amor propio es ponerte bella, cuidarte. Comer bien. Hacer ejercicios. Mimarte.

Consiste en darte tu lugar, aunque otros no te lo den.

Posicionarte como quien quieres ser.

Demostrar para que naciste.

En ocasiones nos etiquetan. Es muy común que desde niñas suceda. "Ella es la tímida". "Ella es la maestra". "Él es el inteligente" ¿Has pensado tú en quién eres realmente? ¿Quitándote cualquier "etiqueta" que te hayan puesto?

En una ocasión que publiqué una fotografía con mi "outfit" de ejercicios un caballero escribió en mi muro de Facebook:

"¿Es usted modelo o realtor? Para borrarla de mis redes".

Generalmente no respondo a comentarios tan desacertados, pero abogada al fin, sentí el deseo de hacerlo. Para luego bloquearlo de mis redes.

Le respondí: "Aunque no vale la pena responderle le digo que yo soy lo que me dé la gana de ser, pues soy una mujer multi facética. Pongo los dones y talentos que Dios me dio al servicio de otros. Soy abogada, empresaria, agente de bienes raíces, inversionista, columnista y conferencista internacional, escritora, editora, y bailarina profesional de danza del vientre. Es lamentable que, por hombres con mentalidades tan retrógradas como la suya, niñas no lleguen a desarrollar sus potencialidades al máximo".

No le respondí por prepotencia.

Lo hice para darle una lección de respeto. Como también, para llevar un mensaje sobre que nadie tiene derecho a etiquetarte, ni a limitarte, ni a decirte lo que tienes que hacer con tu vida.

¡No existen límites!

Mi abuela fue la persona que más le tengo que agradecer en esta vida. Me recibió en su hogar a los 14 años mientras escapaba del abuso que existía en mi casa con mi madre por parte de mi padrastro.

Mi abuela me dio el amor más grande desde niña. De su casa salí graduada como abogada. Como también vestida de blanco con la persona equivocada. Me casé por presión social, no por amor. ¿Una mujer recién graduada como abogada debía casarse y tener hijos?

Recuerdo que una vez mi abuela le dijo en la cocina a mi pareja de entonces: ¿Tu no la quieres verdad? El no respondió nada. Ella nunca supo que escuché esa conversación. Estaban las señales color fosforescente pero no quería verlas. ¡Pero qué gran razón tuvo mi sabia abuela! Viví maltrato y desamor en esa relación. Hasta un día que mi tío Genaro me abrió los ojos cuando me dijo:

"Escucha lo que tu corazón quiere".

Mi abuela solía decir: "Los hombres no merecen ni una lágrima de nosotras las mujeres". Era una mujer fuerte y bella. Heredé su carácter firme y su piel color blanca rosada, como decía mi madre.

Le doy gracias a la vida por haberla tenido. Era una mujer muy audaz que me animaba a ser lo que yo quisiera ser. Era mi persona preferida desde niña.

Mi "safe place" donde siempre me refugiaba sin pedir permiso. Sólo llegaba y me recibía con el amor más grande. Así fue cuando terminó esa relación sin amor y llena de maltrato que ella identificó en la cocina de su hogar.

Estar con ella era lo mejor que me podía pasar en la vida. La realidad era que me consentía como nadie. Me protegía y me adoraba. Era su nieta preferida. Todos lo saben. Mi tía Zulma siempre me lo dice.

En ocasiones siento tristeza porque me tuve que separar de mi madre y de mis hermanas buscando estabilidad y seguridad. Luego de una amenaza con pistola de parte de mi padrastro hacia mí, mi madre, y mi hermana Yasmin. Nos fuimos a vivir con mi abuela desde los 14 años. Pero luego recuerdo todo el amor que recibí de esa mujer tan maravillosa y le doy gracias a Dios por cada día que pude disfrutarla. No cambio nada, sólo por lo que viví junto a ella.

Con ella viajé por primera vez a Florida cuando tenía 11 años. Quedé enamorada de este estado que ahora vivo. Recuerdo que yo no estaba incluida en el viaje. ¡Pero lloré tanto porque no me quería separar de ella, que no le costó más remedio que comprarme un pasaje!

Viví unas aventuras increíbles, fui por primera vez a Disney con mis primos Teresita y mi primo Edwin.

Aprendí a comer las fresas que me encantan. Mi abuela Virginia era magia en mi ser. Ahora que recuerdo, sus últimas palabras fueron:

"Eres la reina de la familia. Nadie como tú."

Otra causalidad para este libro que me enorgullece, viniendo de la mujer más llena de amor que he conocido en mi vida.

En honor a mi abuela Virginia, llevo la corona bien puesta.

Como te contaba, tenía 14 años cuando llegué a la casa de mi abuela. Recuerdo como ahora como mis tíos Zulma y Cuto me llevaron a su terraza para darme la bienvenida. Me amaron como si fuese su propia hija. Por 12 años que viví allí estuvieron pendientes de que comiera todos los días. Mi tía Zulma me ayudaba a obtener empleo en las tiendas que trabajaba. Siempre me regalaba el mejor maquillaje. Me regaló mi primer *Coco Mademoiselle Chanel*, mi perfume preferido. Me consistieron tanto, que por eso les agradeceré toda la vida tanto amor. Por eso los amo como mis segundos padres. Fui doblemente bendecida en circunstancias tan difíciles para mí.

El amor de la familia es clave para una reina.

Recuerdo una historia que me hizo mi madre.
Trataba de una ocasión que fue a buscar empleo en el Colegio San José en San Germán. Era maestra de inglés, pero la posición que había disponible era para ofrecer clases de maquinilla.

Vionette Pietri

La monja le preguntó si podía tomar un examen para identificar si estaba apta para ofrecer las clases. Mi madre no sabía nada de escribir en maquinilla.

Mi tía Aurea, su hermana, era maestra de esa materia en la escuela superior. Así mi madre le pidió unas horas a la monja para tomar el examen. Fue a la casa de mi tía y en una hora aprendió lo necesario. Fue al colegio tomó el examen y fue contratada ese día como la maestra de maquinilla.

Entonces entendí que lo puedo lograr todo.

Que lo que no sé lo puedo aprender.

Que mi *fe* en mí misma es más grande que el *miedo*.

Mi madre nos enseñó desde niñas a orar. Pedía que oráramos arrodilladas todos los días el Padre Nuestro, el Avemaría y la oración del Ángel de la Guarda. También nos pedía que invocáramos el Espíritu Santo para que nos iluminara y nos guiara. Era una mujer de gran fe y muy espiritual.

Recuerdo que una vez que no me vio orar en la noche me preguntó por qué no estaba orando. Entonces en mi inocencia de niña le dije que había orado 73 veces corridas, por lo que no tenía que orar en los siguientes 73 días. Ella sonrió y me dijo: "Mi amor hay que orar todos los días. Desde que te levantas dando gracias a Dios por otro día de vida. Eso no se puede hacer. Dale a cada día su afán". Desde entonces no hay un solo día que no ore y de gracias a Dios.

Otra lección de vida que aprendí de mi madre me sucedió cuando cursaba la escuela primaria. Recuerdo que a mí me saltaron de grado varias veces y estaba en cursos de estudiantes mayores que mi edad.

De repente, a mi madre le sorprende que yo que amaba tanto estudiar, no quería ir a la escuela. Entonces me preguntó porque no quería ir a la escuela. Le conté que yo lloraba porque mis compañeros se burlaban de mí y me decían *Betty Boop*. Ella me dijo: "Hija querida, pero si *Betty Boop* es preciosa como lo eres tú. Eso no es una burla, es un halago". Sin embargo, con mis ojos de niña, veía a *Betty Boop* cabezona y no tan bonita y sexy como la veo ahora.

Entonces un día ella me dijo: "Hoy no vas para la escuela". Me llevó al centro comercial *Mayaguez Mall* y se detuvo en una tienda donde hacían camisas personalizadas. Le pidió al vendedor que me hiciera una con la foto de *Betty Boop* y que dijera mi nombre bien grande:

VIONETTE

Sorprendida le pregunté porque hacia eso si a mí no me gustaba que me dijeran *Betty Boop*.

Entonces me dijo una respuesta que nunca olvido:

"Porque si no puedes con los enemigos únetele".

Ya verás que cuando vean que a ti no te molesta que te digan así, no lo van a hacer más. *Porque le estás quitando poder sobre ti.* Es más cuando te lo digan, respóndele con su frase distintiva: "bubupiru.".

Dicho y hecho. Los viernes que era el día casual comencé a usar la blusa de *Betty Boop*. Todos se sorprendieron al escuchar que en vez de llorar le decía la frase. De repente, dejaron de molestarme.

Entendí que la confianza en nosotras mismas depende de nosotros, no de lo que nos digan los demás.

El otro día que entrenaba recordé algo que me sucedió ya siendo adolescente y lo compartí con mi entrenador. Nunca se lo había dicho a nadie. Era bastante famosa en la escuela. Había una chica que no toleraba que su novio fuese loco conmigo. Entonces recuerdo un día que llegué a la escuela muy bonita. Entonces ella comenzó a vociferar: "¡Miren quien llegó! ¡Miss Puerto Rico! ¡Miss Universe! ¡Miss Mierda! Yo seguí caminando sonriendo hacia ella y con mi pelo que me llegaba a la cintura la rocé en la cara. Que se imaginaba ella que estaba decretando lo que soy y lo que somos todas las mujeres: **REINAS**.

Que se imaginaba ella que iba a ser autora de este libro que es un manual sencillo para ser una reina moderna. Que iba a ser portavoz de una línea de maquillaje que se titula REINAS by Vionette Pietri. ¡Como tampoco se imagina que su novio del que tanto me celaba, me confesó hace unos años que toda la vida había estado enamorado de mí! Así que me he dado cuenta de que no hay que vengarse de quien te haga mal, la vida se encarga.

Como también, que ni la envidia, ni los celos, me quitan mi corona.

Si ven la portada de mi libro tiene tres fotografías, en vez de la foto tradicional. Recuerdo que Frank me dijo: "Tienes razón, una foto no es suficiente para tu portada. Debes tener la foto de empresaria poderosa, la de reina moderna representativa de lo que son todas las mujeres. Como también, tu esencia: la sensual bailarina de danza del vientre. La faceta que te ha llevado a alcanzar tantas cosas desde que llegaste a este país".

Fue entonces cuando recordé mis inicios al comenzar una nueva vida en la Florida. Motivada por mi sobrino mayor John John. Luego de llamarme todos los días por tres meses corridos me dijo algo que me impactó:

"Titi Vio, No puedo vivir sin ti".

Dejé atrás mi casa acabada de comprar, mi trabajo en la Administración de Corrección y el resto de mi familia.

Ya estando en la Florida decidí obtener empleo. Al enviar 100 resumes y no obtener ninguna posición pues estaba "sobre calificada" por mi doctorado en leyes, mi madre me dijo algo que cambió mi norte: *"Hija querida siempre usas tu intelecto. Ya es tiempo de que utilices tu belleza y tus talentos".*

Así comencé a dar clases de danza del vientre en mi casa. Comencé también a escribir en el periódico la Prensa. Desde entonces he escrito más de 500 columnas locales e internacionales. Mi concepto de sanar heridas a través de la danza del vientre capturó la atención de los medios. La reconocida periodista Jenny Castillo me entrevistó en noticias Univisión. Luego me invitó a su programa en Rumba y más de 75 mujeres me llamaron para tomar las clases de *belly dance*. Me vi precisada a buscar un local de emergencia. Así comencé *Sahara Belly Dance School*.

Luego me entrevistaron en Telemundo y en muchos medios más. Tuve el honor de que, Sergio González, fuera el animador de lujo de mi primer evento artístico presentado en un teatro en *Downtown* Orlando, Primer Festival Árabe, auspiciado por Telemundo.

He sido bendecida por contar con el apoyo de tantos periodistas reconocidos que se han convertido en mentores y amigos. Donaldo González a quien le agradezco tanto, Homan Machuca, Sergio González, Olga Aymat de Telemundo. Luis Artemio Mercado Bones de Univisión, Gheidy de la Cruz, Cecilia Alvia, Marcos Tejeda, Marieangie Rosario, Jennypher Ocasio, Jacky Méndez, Jenny Castillo, Iza Montalvo, Rubén Funes.

Como también, mi amada amiga y mentora Lucymar. Una reconocida figura radial de la que he aprendido mucho. Tuve un segmento de motivación con ella que fue muy exitoso.

Todos han apoyado la fundación, mis eventos artísticos, mis libros, como también han seguido apoyando mis otros proyectos y empresas a través de los años. Para esa época, creé un grupo de danza con mujeres y niñas. Algunas nunca habían bailado. Sin cuerpos perfectos. El grupo lo conformaban maestras, patólogas del habla, sheriff, amas de casa, estudiantes. Nos presentamos en los mejores escenarios de la Florida. Como también gracias a Lorna y sus hermanas Mildred y Gladys, nos presentábamos en *Café de Antaño*, llenando el lugar a capacidad. Recuerdo que nos veían bailar desde afuera por las ventanas, los que no podían entrar.

Mientras daba mis clases identifiqué mujeres maravillosas, pero con baja autoestima y algunas maltratadas. Fue entonces cuando en el 2006 comencé la *Fundación Baila Corazón*, una fuerte voz en contra de la violencia.

Previo a mudarme para la Florida, como les dije, dirigía una institución de más de 750 confinados en la cárcel las Cucharas en Ponce. Yo ofrecía clases de *belly dance* en diversos lugares. En el Municipio de Peñuelas, en gimnasios, en *Johnson and Jonhnson* y en la escuela de danza de July Mayoral. Recuerdo que con lo que ganaba en esas clases ahorré para comprarme mi primera propiedad pues cobraba $100.00 por hora.

En una ocasión, la afamada July Mayoral me dijo que necesitaba una foto mía vestida con un ajuar de *belly dance*. Me preocupé pues el anuncio saldría en el periódico *La Perla* que se publica en Ponce, Puerto Rico, y se recibía en la institución.

Me preocupaba que los confinados o los oficiales de custodia pudieran verme en mi faceta de bailarina sensual. Entonces se me ocurrió utilizar el velo para tapar parte de mi rostro. Pensando que de esa forma no me reconocerían.

Un día un sargento que no era yo santo de su devoción, se me acerca con el periódico bajo el brazo y me dice:

"Superintendente Pietri, aunque se tape el rostro nosotros sabemos es usted".

Me sentí avergonzada.

Cuando llegué a este país fue precisamente la danza la que me ayudó a salir adelante. Posicionarme como líder comunitaria aparte de como instructora y bailarina de danza del vientre, transformó mi vida y la de muchas otras niñas, adolescentes y mujeres.

Cuando vi como mis estudiantes sanaban sus heridas y levantaban su autoestima, me dije a mi misma que no tenía por qué avergonzarme por bailar.

Bailar y enseñar a bailar es uno de mis dones. Bailar me hace feliz. Entendí que ser una mujer sensual no tiene nada de malo. Entonces de allí surgió el título de mi primer libro: *Detrás del Velo... Descubre la Diosa en ti.* Disponible en Amazon.

Les recomiendo a todas las mujeres que leen este libro a que practiquen la danza del vientre. Es una danza para sentirte bella y sensual. Como también es ideal para seducir… Ya leyeron mi historia en el primer capítulo cuando hice un espectáculo privado con apasionantes resultados. Mientras danzas liberas tu poder femenino, tu erotismo.

Cuando comenzó la pandemia, mi mejor amigo Frank, me dijo: "Llegó el momento de que hagas algo diferente. Estás en la casa sin hacer nada". Entonces se me ocurrió ofrecer clases gratis de *belly dance* en vivo por *facebook*. Mis clases causaron conmoción. Las vieron miles de personas. El proceso era como un ritual mágico para mí. Me colocaba un moño postizo. Frank me maquillaba como Jade la de *El Clon*.

Durante la semana practicaba por horas para aprenderme las rutinas que iba a enseñar. El resultado: Reduje mi cintura, hice feliz a muchas mujeres que tomaron clases desde España, República Dominicana, Colombia, Estados Unidos y Puerto Rico. Hasta obtuve clientes de bienes raíces. Un don te lleva a otro.

Una reina merece solamente lo mejor.

Una reina no se conforma con poco.

Nunca olvido que mi primer carro fue un Fiat Mirafiori color amarillo destartalado que me costó $390.00. Lo compre mientras estudiaba en el Colegio de Mayaguez. Muchas personas tal vez ven mi éxito actual y piensan que siempre ha sido así. O que es suerte. La realidad es que es resultado de trabajo fuerte y disciplina. Como me decía el otro día una mujer cubana muy especial en mi vida, Josefita.

La realidad es que he vivido momentos muy difíciles. De dormir en una habitación alquilada en un momento, luego de separarme de mi ex, tengo ya tres propiedades, una en Florida y dos en República Dominicana. De perder mi empleo y tener que comprar comida en *Dollar Tree*, hoy puedo comer en los mejores restaurantes, y tengo mis propias empresas, nadie me despide. De viajar en Lynx, desde donde estudié la carrera de agente de bienes raíces y afortunadamente aprobé el examen de la primera vez que lo tomé, tengo hoy día el carro de mis sueños. No lo comparto por prepotencia. Al contrario, lo digo con humildad, pero con orgullo. Porque trabajando fuerte, enfocados, podemos lograr todos nuestros sueños.

A los tres meses de separarme de mi ex, decidí dejar de autocompadecerme y encaminar mi vida hacia la abundancia. Me di cuenta de que solamente lo lograría emprendiendo, invirtiendo en bienes raíces. Como un día me dijera mi gran amiga y mentora, Waleska Rodríguez.

Así logré comprar mi *Alfa Romeo* que disfruté por tres años. Cuando iba al *dealer* a cambiar el aceite de mi *Alfa Romeo*, recuerdo que miraba a los vehículos *Maserati*. A pesar de que tengo tanta fe en mí, mi voz interior me decía que nunca iba a tener uno.

Un día, me dije a mi misma, ¿Es algo material, pero te hace feliz verdad? Si, me dije. Entonces vas a trabajar para tener el carro que sueñas. ¿Por qué no?
Así llamé al concesionario donde sólo venden *Alfa Romeo, Maserati* y *Ferrari*. Hablé con Cándido, el vendedor. y le dije que quería cambiar mi Alfa Romeo por un *Maserati* del año color blanco. Él me dijo que debía esperar un tiempo para poder conseguirlo. Ya habían pasado meses y le dije que tenía una meta de tener mi carro para diciembre del 2020. Por tres razones, le dije, porque va a ser mi regalo de Navidad, también de cumpleaños que es en enero de 2021. Además, porque quería llegar conduciendo mi carro de

ensueño al reconocimiento de la Asociación de *Realtors* donde recibiría reconocimiento por primera vez. Así lo estuve presionando hasta que me dijo, ¨Ven este jueves que tengo tu carro¨. Cuando llegamos me mostró una guagua *Levante Maserati* color blanca. Preciosa.

A mi hermano Tito quien es mi asesor en todo lo que hago, le encantan las guaguas. La conduje, pero no sentí la emoción que sentí tres años atrás, cuando Cándido me hizo conducir un *Maserati Ghibli* color blanco, cuando adquirí mi *Alfa Romeo*.

Como una reina obtiene lo que quiere...

cuando entramos al concesionario alguien se le acercó a Cándido y le dijo que ese vehículo ya estaba vendido.

Entonces me dejó como una hora sola. Al cabo de una hora me dijo: "Ven Vionette, te voy a mostrar tu vehículo".

Cuando salimos y vi el *Maserati* de mis sueños color blanco y con los asientos color rojo pasión (¡mi color preferido!) por poco desmayo. Cuando encendí el motor que ruge como un león, (leona mejor dicho ji,ji) y dimos una vuelta para probarlo, le dije mirándolo a los ojos:

"Este va a ser mi carro. Me lo llevo hoy mismo".

Lamentablemente no me lo pude llevar ese día. Tuve que volver al otro día porque las compañías aseguradoras no querían darme un seguro para un carro tan costoso. Al otro día gracias a Omayra, una amiga agente de seguros que me ayudó, regresé a mi casa conduciendo mi flamante *Maserati*. Solamente lo sabía mi hermano Tito, quien me ayudó a negociar en el proceso. No publiqué nada en las redes. Luego, mi familia me visitó y los sorprendí tal como hice con la casa. Como también lo publiqué en el chat privado de la familia.

Creo firmemente que podemos lograr todo lo que nos propongamos.

Basta que lo pongamos en nuestra *mente* y en nuestro *corazón*.

En que tengamos la fe inquebrantable que nos lleva a hacer lo necesario para alcanzar nuestras metas. En no olvidar nunca ese *"fuego"* que nos motiva.

En cada lugar me preguntan: *¿Qué se siente conducir un Maserati?* Les respondo que me siento como una *reina*.

Visité a mi ahijada Raisa en Virginia, gracias a la planificación de mi hermana Nadine, para que asistiera al cumpleaños de mi preciosa mini ahijada Mia.

Me llamó la atención la mentalidad de Laiah, la hija de mi ahijada que solo tiene 7 años. Raisa me mostró un papel que tiene en la puerta de su habitación donde su regla de vida consiste en dos palabras tan poderosas como esenciales para ser feliz:

HAVE FUN.

Aparte de eso, tenía un calendario donde cada día asignaba una tarea. Por ejemplo: Ayudar a mami con las cosas de la casa. Jugar con mi hermana. *Hacer feliz a alguien.* Entonces me di cuenta de que, si una niña podía planificar su vida y centrarse en divertirse, porque una mujer no puede hacerlo.

Simplificar la vida es lo mejor que podemos hacer. Divertirte, en todo lo que hagas.

Eso me acordó mi mentora a distancia Barbara

Corcoran, la empresaria y agente de bienes raíces más exitosa en Estados Unidos. Su filosofía de vida que aplica a todas sus empresas es la de Laiah: HAVE FUN. Simple.

Por eso en mis empresas siempre busco la manera de divertirme con mi equipo de trabajo. Vamos a comer a excelentes restaurantes, trabajamos algunos días desde la piscina, hacemos *barbecues*. Nos vamos de viaje, de "shopping". En fin, trato de divertirnos pues el trabajo es muy estresante.

Una reina se divierte.

En la vida en general debemos enfocarnos en divertirnos. Sin importar lo que puedan pensar otros de lo que nos divierte. Como aprendí de mi amiga Cristina.

Es definitivo que cuando nos reprimimos, cuando no hacemos lo que realmente queremos hacer, no somos felices.

Por eso, ahora disfruto cada momento que puedo En mi trabajo, viendo la serie que me gusta, entregándome con pasión, compartiendo con ni familia. Disfrutando una buena comida. Viendo el atardecer mirando el lago. Cada momento que puedo lo disfruto. Porque de eso se trata la vida, de momentos. De nosotros depende disfrutarlos. Propiciarlos, o evitarlos.

Mi recomendación: No te reprimas. Vive. ¡Haz lo que

quieres hacer ahora que tienes la belleza, la energía, la
vida!

Me gustaría que tomaras unos minutos para que
respondas estas preguntas.

¿Estoy en una relación que me brinda felicidad? O si no
tienes pareja ¿Disfruto estar conmigo misma(o)?
¿Tengo el trabajo o la empresa que sueño tener?
¿Tengo el dinero que quiero en mi cuenta de banco?
¿Estoy en buena forma y saludable?
¿Mi vida sexual me apasiona?
¿Mi espiritualidad está equilibrada?
¿Me doy el lugar que merezco en mi vida y en la de los
demás?
¿Estoy utilizando todos mis talentos y dones?
¿He llegado a donde quiero llegar?
¿Me siento bien conmigo misma(o)?

Hay tantas preguntas que nos toca hacernos. De hecho,
no quiero complicarles la vida con este tema existencial.
Al contrario, ya les dije que mientras más simplificada
sea nuestra vida, más feliz somos.

Lo que sí es importante es que identifiques AHORA
mismo en que vertientes de tu vida debes tomar acción.
Por eso escribe las respuestas a esas preguntas.

Aunque habría muchas más por hacernos, comienza con
estas.

Si es definitivo que como fundadora y directora de la
Fundación Baila Corazón, cuya misión es fortalecer la
autoestima de las niñas y mujeres a través de las artes y

el desarrollo del intelecto; promuevo firmemente no permitir en nuestras vidas, ni pobreza, ni maltrato. Te invito a que visiten nuestro sitio web: www.latinasempowerment.com

Lo he repetido muchas veces en este libro, para que nunca lo olvides.

Regla de oro reina moderna: Abundancia.

Nadie hace tus sueños realidad. Entonces te toca a ti hacerlos. Enfocada. Centrada. Posicionada.

Te toca a ti salir a la calle a buscar oportunidades y dinero.

Puedes alcanzar lo que sea. Las conquistas que te propongas.

No hay sueño pequeño. Como tampoco sueño grande.

¿Recuerdan cuando les dije que viajé a Republica Dominicana a comprar mi apartamento? Me dije a mi misma, voy a vender 40 apartamentos para así tener mi apartamento saldo, amueblado y con ganancia a base de las mismas ventas. No estaba segura si lo lograra. Lo hice en un mes. Lo repito pues todavía no me lo creo. Pero me lo puse en la mente y en el corazón. Junto a mi equipo de trabajo propicié que pasara.

En este punto que estoy escribiendo este libro, acabo de comprar mi segunda propiedad. Estoy segura de que pronto sobrepaso las 100 propiedades.

No hay límites en lo que puedas lograr. Nunca lo olvides. Esta semana vendí 20 propiedades. Previo a que llegara mi hermano a visitarme con su familia para poder dedicarme a ellos.

El otro día recibí una llamada desde Puerto Rico. No identifiqué el número, pero como tengo tantos clientes puertorriqueños respondí. Era Carlos Santana, un hombre ejemplar casado con Morys, una amiga de infancia. Me sorprendió cuando me dijo: "Vio, te llamo porque quiero felicitarte personalmente por todo lo que has logrado. Te llamaba solamente para decirte lo orgulloso que me siento de ti". Carlos siempre comparte mis mensajes y promociones. Son cosas que le llegan a uno al corazón y nos motivan a seguir hacia adelante, a poner nuestra isla en alto.

Mi querida amiga y mentora, la Dra. Esther Pichardo siempre me da tantos buenos consejos. De ella aprendí a hacer las cosas en ocasiones, aunque no quiera, sino por disciplina. Recuerdo me decía "Cuando no quieras hacer algo, entonces es que tienes que hacerlo". Eso se llama DISCIPLINA.

También aprendí con ella a identificar los proyectos que funcionan y los que no descartarlos. Como también recuerdo que me dijo: *"Visualizo que vas a ganar tu primer millón de dólares"*. En fin, adoro esa mujer tan exitosa, noble y bella.

Hace varios años me invitó al *baby shower* de su hija Sofia. Ese día fue para mi tan importante por lo que ella dijo cuando me presentó. Había presentado a familiares y a personas muy influyentes, simplemente diciendo sus nombres, mientras iba abriendo los regalos.

Cuando me presentó a mí, dijo unas palabras que nunca olvido:

"Ahora les presento a titi Vio. A quien le pido que siempre esté cerca de mi hija porque quiero que sea como ella".

Aguanté los deseos de llorar frente a todos. Sentí que me hacia un gran honor pues ella es una mujer maravillosa, ¡y quería su hija se pareciera a mí! Me quedé sin palabras.

Cuando me fui recuerdo que iba caminando con Jackie Méndez, otra amiga y mentora que quiero mucho, editora de *Tu Revista Mujer*, que tengo el honor de escribir hace más de cuatro años. Comentaba con ella sobre la presentación de mi querida Doctora Pichardo.

Hace poco tuve el honor de ser invitada al cumpleaños de Sofia y me sentí tan feliz de ver esa bella familia y tantas buenas amistades. Luis Martínez, Sylvette Santos, Jorge Pérez. Otros de mis mentores y amigos, quienes me comentaban sobre mis logros.

Todos ellos me apoyaron cuando me vieron comenzar desde abajo y trabajar incansablemente hasta forjar el imperio que estoy creando. Siempre les estaré agradecida.

Cuando una reina recupera su corona todos lo notan.

Todavía hay tantas cosas que deseo hacer. Le pido a Dios salud para poder hacerlo. De lo demás me encargo yo.

Tantos momentos de pasión que quiero disfrutar… Amor que sentir. Tantos sueños por cumplir. Tantos abrazos y besos que dar a mis seres queridos. Tantos países por visitar. Tantos proyectos por realizar…

"La vida se nos dio para hacer algo grande"

solía decir mi madre. Como también me decía

¨Cuando las cosas están más difíciles es porque lo mejor está por venir¨.

Te digo a ti que lees este libro, no te desanimes. Sigue adelante. Con la certeza de que lo mejor está por venir.

No importa en qué momento de tu vida te encuentras. Siempre va a salir el sol. Siempre hay una solución. Una salida. Un nuevo comienzo. Nuevos besos que sentir. Un nuevo amanecer para brillar con luz propia.

Ahora les puedo decir que una mujer tiene derecho a vivir. A reír. A soñar. A recibir besos y caricias. A recibir halagos y creérselos. A sonreír cuando le dicen que es bella y no pensar que esa misma frase se la dicen a otras. Una mujer es libre para sentir. Pasiones. Deseos. Alegrías. Tristezas. Amor. Desamor.

Una mujer tiene derecho a decir que si, a decir no. A equivocarse. A acertar.

A reconocer que, en la vida, en el sexo, y en el amor, es una reina, no una vasalla.

Porque una reina tiene derecho a estar enamorada. Pero primero que, de otra persona, debe enamorarse de sí misma.

Debe entender que el amor más importante en cualquier relación es el amor propio.

Como decía mi madre:

"Las mujeres somos libres y soberanas. Somos dueñas de nuestro destino".

Una mujer tiene derecho a desatar pasiones. Mi mejor amigo Frank me dice: "¡Mujer tú no te das cuenta de cómo te miran los hombres! Eres una mujer que desata pasiones".

Mi hermana Yasmin un día me dijo, "Vio eres una mujer exitosa, inteligente. sensual, bella. ¿No te das cuenta de que te pasa la vida? Es tiempo de reaccionar. Es tiempo de vivir. No quiere decir que te vas a casar, quiere decir que puedes tener un amigo, un hombre con quien salir a divertirte".

Mientras reescribía el libro encontré esto en la parte final del manuscrito, que me impactó, pues precisamente así comienza la historia de este libro: con el mejor sexo de mi vida. Un tema que jamás pensaba tocaría en mis libros.

¡Lean lo que escribí y decreté hace más de tres años atrás!

"He tomado la decisión de ser una buena amante. De atreverme a vivir lo que nunca he vivido. De expresar mi sensualidad *sin reprimirme.* Punto. Porque la vida es una sola, la belleza se va. Pero la pasión, esa la podemos tener siempre en nuestras vidas.

No soy la niña perfecta que mi padre ve con sus ojos amorosos y paternales. Soy la mujer madura, apasionada, sexy y bella que mi espejo ve.

¡Por fin estoy lista para liberarme! Soy libre para ser quien realmente soy: una mujer apasionada y erótica. ¡Quiero ser una leona en la cama! (y en los negocios).

Estoy lista para vivir el mejor sexo de mi vida¨.

¡Por fin soy esa leona en la cama y en los negocios!

¡Por fin disfruté el mejor sexo de mi vida!

Es cuando entiendes que no importa quien estuvo antes, sino quien llega después y te cambia la vida.

Una reina no tiene tiempo que perder.

```
Decidí reir mucho. Sentir más. Pensar
menos. Decidí ser feliz hoy.
```

Vive la vida con urgencia. Con pasión.

Disfruta tu reinado.

Deseo que cada una de ustedes tenga la corona bien puesta. Que no permitan que nadie se las quite.

Porque nacimos irremediablemente para reinar.

Nacimos irremediablemente para reinar

Vionette Pietri

235   Nadie me Quita mi Corona

SOBRE LA AUTORA:

Vionette Pietri es abogada puertorriqueña, agente de bienes raíces internacional, columnista y conferencista internacional.

Empresaria en el campo de la belleza y la gastronomía.

Se ha destacado, además, como líder comunitaria por más de una década en la Florida Central. Fundadora y directora de la Fundación Baila Corazón, creando un movimiento de poder femenino internacional.

Ha sido reconocida por los medios en la Florida como "Real Estate Influencer."

Autora de más de 500 columnas de motivación y docenas de obras de teatro. Esta autora de cinco libros publicados ha sido reconocida por el Congreso de los Estados Unidos.

Su historia de superación forma parte del Libro de CNN Latino, *Latinos In America*. Como también ha sido reconocida por la cadena Telemundo, como *Hispana Triunfadora*.

En su país natal, Puerto Rico, se ha desempeñado como profesora universitaria, directora de agencias gubernamentales, Asesora Legal de Presidencia del Senado, Municipios, y ha dirigido instituciones correccionales con más de 750 confinados con gran éxito.

CONTRATACIONES:

Si interesas ofrezca conferencias, envía comunicado a:

vionettepietri@gmail.com

Contacto por Whatsapp: (321) 276.1906

Visita sus sitios web:

www.vionettepietrird.com
www.vionettepietri.net
www.latinasempowerment.com

Instagram: @vionettepietrioficial
Facebook: @vionettepietri @vionettepietrirealtor
@fundacionbailacorazon

Registratc cn www.latinasempowerment.com para que
formes parte de nuestro movimiento de poder femenino
internacional, y para mantenerte informada sobre
seminarios y eventos.

Como también…

*Te hago una invitación exclusiva para que formes parte
de este proyecto especial:*

*Pronto lanzaremos talleres online para ayudarte a crear
tu imperio y para motivarte a que seas una reina
moderna, sexy y exitosa.*